DICCIONARIO DE AFORISMOS
Y LOCUCIONES LATINAS
DE USO FORENSE

LUCIO R. R. GERNAERT WILLMAR

Abogado consultor. Juez retirado de la Cámara Federal de Apelaciones.
Ex secretario de la Suprema Corte de Justicia de Buenos Aires

DICCIONARIO DE AFORISMOS Y LOCUCIONES LATINAS DE USO FORENSE

ABELEDO-PERROT

BUENOS AIRES

I.S.B.N.: 950-20-1068-X

IMPRESO EN LA REPÚBLICA ARGENTINA

AGRADECIMIENTO

El doctor Abilio Bassets, doctorado en Teología por la Universidad Gregoriana de Roma, profesor emérito de la Lengua Latina de la Universidad de Buenos Aires y eximio traductor público nacional (matriculado en las lenguas latina, francesa, italiana, inglesa, portuguesa y catalana), ha examinado, corregido y ha estado al cuidado de la correcta morfología y sintaxis gramatical de todos los vocablos, locuciones y aforismos expresados en la lengua latina contenidos en el presente *Diccionario de Aforismos y Locuciones Latinas de Uso Forense*.

INTROITUS

La lengua latina, que se hablaba en la Roma antigua y en los territorios del Lacio, llegó a todo el mundo conocido de entonces gracias a la expansión del pueblo romano, convirtiéndose en la lengua predominante de la Europa occidental.

El latín se empleó, hasta no hace mucho tiempo, en la enseñanza superior, en las relaciones diplomáticas y sigue siendo la lengua universal de la Iglesia, expresada en los documentos del Pontificado.

Se trata de una lengua de sintaxis rígida y de dicción ampulosa, poseyendo precisión y vigor, habiéndose mostrado a través de los siglos como un admirable vehículo válido para transmitir el pensamiento riguroso.

El latín ha sobrevivido no sólo como lengua literaria sino también en las lenguas románicas que representan la evolución contemporánea del latín vulgar. Hay lenguas no derivadas del latín, como la inglesa o la alemana, que han incorporado a su léxico vocablos que proceden del latín; incorporaciones estas que se han realizado directa o indirectamente a través de las lenguas francesas, italiana o de alguna otra lengua románica.

Recordemos que siendo el latín una lengua culta por excelencia y madre de lenguas, fácilmente se llega a conocer el origen y la evolución de las lenguas europeas contemporáneas.

Este *Diccionario* en el que se recopilan los aforismos, adagios, vocablos y locuciones latinas de uso forense, es el fruto de la selección de varios años en el ejercicio de la magistratura judicial y en el quehacer de la profesión de abogado consultor.

Si bien la recopilación no pretende ser exhaustiva ni tampoco convertirse en una obra completa de la aforística latina aplicada a la lengua castellana, tiene como propósito inmediato la de prestar una ayuda y colaboración para con los colegas magistrados judiciales y abogados, a fin de enriquecer el cotidiano lenguaje forense a través de las elegantes y sustanciosas expresiones latinas.

Para una mejor utilización del contenido del *Diccionario* cabe realizar las siguientes observaciones y recomendaciones preliminares:

"Vocablo latino"

Es la expresión representada por una palabra o un término latino (*v.gr.: accipiens, donatio, ibídem, quórum, vindicta*, etc.).

"Locución latina"

Es la expresión formada por más de un vocablo o palabra, que se inserta en el habla castellana con el valor de una sola palabra (*v.gr.: acta est fabula, doctus cum libro, dominus coeli et inferorum, prima facie, vox clamantis in deserto*, etc.).

"Aforismo latino"

El aforismo latino es una sentencia breve y doctrinal que se propone como regla y que tiende a concretar los justos términos de una verdad, sentencia, axioma o máxima instructiva (*v.gr.: acta publica probantia per ipsas, acta simulata veritatis substantiam mutare non possunt, cuique defensio tribuenda, nuptias non cuncubitus sed consensus facit, confusio est cum debitor et creditor una persona fit, obligatio extinguitur per confusionem vel solutionem*).

Resulta conveniente señalar, por su importancia, que las locuciones latinas, para ser usadas como aforismos no siempre ni necesariamente enuncian principios jurídicos que tienen su correspondencia contemporánea; razón esta por la cual, antes de su uso como cita, se precisa un previo análisis para poder correlacionarla con el tema correspondiente (*v.gr.: dominus coeli et inferorum; testis unus, testis nullus*, etc.).

Latinismos de creación contemporánea

Cabe destacar que no todos los latinismos expresados como vocablos, locuciones o aforismos latinos provienen inalterados del Derecho Romano, sino que bien pueden ser de posterior creación, tal como *v.gr.:*

cogito, ergo sum, acuñado por Descartes (s. XVII) o también producto de la transformación o desfiguración a través de más de veinte siglos de existencia y algunas locuciones, cabe señalarlo, son de indudable creación contemporánea (*e.g.: hábeas data*).

Uso de los aforismos, adagios y locuciones latinas

En la medida de lo posible y sin perjuicio de su libre utilización por el lector, se ha tratado en la presente recopilación de indicar, a modo de ejemplo, las posibles aplicaciones y el uso de los variados latinismos, ya sea como aforismos, locuciones y adagios proverbiales, que son de frecuente utilización en el quehacer jurídico; tanto en escritos al tribunal como en pronunciamientos de éste.

También se realizan directas referencias a los textos legales vigentes.

Significados de los textos latinos

Respecto de los significados de los vocablos, locuciones, adagios o aforismos latinos, cabe observar que algunos de ellos son traducciones literales (las entrecomilladas) y otras son adaptaciones (las que no llevan comillas), algunas libres y no necesariamente literales del texto latino.

Respecto de una misma locución latina pueden caber varios significados, indicados con una llamada consistente en 1ª, 2ª ó 3ª.

Acentuación

Los latinismos expresados en locuciones y aforismos latinos, como palabras o construcciones sintácticas del latín e integradas al Diccionario de la Lengua, van acentuadas según las normas establecidas en la lengua castellana (*v.gr.: a símili, córam pópulo, currículum vitæ, delírium trémens, hábeas corpus, ídem, in illo témpore, in sólidum, in púribus, in péctore, sui géneris, súmmum, vía crucis*, etc.).

Uso de la letra "J"

En tanto la letra consonante "j", sin valor vocálico, no existe en el abecedario latino, su empleo por algunos autores en reemplazo de la vocal "i" no resulta correcto, so riesgo de convertir el vocablo en un "latinajo"; porque en todo caso, se trata de una letra "i" desfigurada por los copistas medioevales (*v. gr.*: **"cujus"**, **"jus"**, **"juris"**, **"pejus"**, etc.).

Uso del diptongo "æ"

Se pronuncia con el valor de la vocal "e" (*v.gr.*: *æquam, causæ, et cætera, liberæ, publicæ, vitæ*, etc.)

Índices. Sistema bilingüe

Para una mayor facilidad del usuario, se han elaborado dos índices: uno *temático* y el otro *normativo*.

Por el *temático* se facilita la búsqueda de los aforismos o locuciones latinas por cualquier elemento importante de la traducción al castellano, adoptándose así un sistema *bilingüe*; también se puede realizar la búsqueda por el sentido de su aplicación jurídica o por el de su fuente, ya sea ésta literaria o estrictamente jurídica.

Mediante el índice *normativo* se señala la legislación vigente que puede tener directa o indirecta relación con el respectivo aforismo o locución latina.

Por razones metodológicas, el presente *Diccionario de Aforismos y Locuciones Latinas de Uso Forense,* no contiene referencias a las instituciones del Derecho Romano histórico.

Diccionario latino utilizado

Para la presente recopilación se ha utilizado, fundamentalmente, el *Diccionario Ilustrado VOX - SPES, latino-español, español-latino*, de la editorial Bibliograf S.A., Barcelona, impreso por la editorial Rei Argentina S.A., Buenos Aires, 2ª edición, año 1992.

ab æterno

"desde la eternidad, que no tiene principio ni fin"; se le atribuye el sentido de "permanente o que dura mucho tiempo".

ab imo péctore

"desde el fondo del corazón"; expresa franqueza y sinceridad y también significa "de corazón": de verdad, con seguridad o con afecto.

ab initio

"desde el comienzo", "desde el principio"; se refiere al origen o al comienzo de algo: "*ab initio* se dejó constancia de tal o cual circunstancia". También se usa para indicar que sucede algo "desde tiempo inmemorial o muy remoto". *Vide ab origine* y *ab ovo*.

abintestato

procedimiento judicial sobre la herencia del que muere sin testar, denominada "sucesión *abintestato*". *Abintestato* consta de una sola palabra y no debe confundírsela con *ab intestato*. *Vide ab intestato*.

ab intestato

"sin testamento"; dícese del causante de la sucesión que murió *ab intestato*, es decir sin testar. *Ab intestato* se escribe separado. *Vide abintestato*.

ab irato

"a impulsos de la ira"; arrebatadamente, con iracundia. Se aplica a aquellas personas que, por hallarse enfurecidos, actúan *ab irato*. También se usa respecto de la furia o violencia de los elementos de la naturaleza: "el viento destructor soplaba *ab irato* durante la tormenta".

ablatio

"llevar"; acción de llevarse la cosa sacándola de la esfera patrimonial o de custodia de quien antes la tenía, que se tomaba en cuenta para distinguir uno de los momentos de consumación del delito de hurto. *Vide amotio, contrectatio* e *illatio.*

ab origine

"desde el origen, originario de"; (1ª) desde el principio, el nacimiento o primer momento de existencia de una cosa: "esta empresa *ab origine* contaba con solo dos socios"; (2ª) procedencia o lugar en el que se produjo ese principio o nacimiento: "*ab origine* la discusión fue acalorada"; 3ª causa o motivo desencadenantes: "se cree *ab origine* que la figura del homicidio está en la muerte de Abel por su hermano Caín". *Vide ab initio* y *ab ovo*.

ab ovo

"del huevo"; desde un principio. Quintus Horatius Flaccus (Horacio): *Ars Poetica*, 147. *Vide ab initio* y *ab origine*.

absque nulla condicione

"sin condición"; se refiere a las obligaciones puras y simples, que son aquellas que son exigibles sin más por no depender de condición alguna, plazo ni modo y opuestas a las obligaciones condicionales, modales o a plazo.

absurdus

"absurdo", contrario a la razón, sin sentido; dícese del dicho o hecho irracional o contrario al buen sentido y en el recurso de casación el *absurdus* configura una causal excepcional para poder juzgar las cuestiones de hecho.

ab uno disce omnes
"por uno solo se conoce a los demás". Publio Vergilius Marón (Virgilio): la *Eneida*, II, 65.

abusus non est usus, sed corruptela
"el abuso no es uso, sino corruptela"; conf. artículo 1071, segundo párrafo, del Código Civil.

abusus non tollit usum
"el abuso de un derecho no invalida su uso".

ab utraque parte
"de una parte y de la otra", "de ambas partes"; en la conciliación o en el avenimiento se logra un entendimiento *ab utraque parte*.

ab utraque parte dolus compensandus
"el dolo común de ambas partes se compensa". Juliano: *Digesto*, 2, 10, 3, 3; conf. artículo 506 del Código Civil.

accessio cedit principali
"lo accesorio cede a lo principal"; *vide accessorium sequitur principali*.

accessio solo cedit
"lo accesorio se incorpora al suelo"; *vide accessorium sequitur principali*.

accessorium non ducit, sed sequitur suum
"lo accesorio no rige, sino que sigue a su principal"; *vide accessorium sequitur principali*.

accessorium sequitur principali
"lo accesorio sigue a lo principal". Domitius Ulpianus (Ulpiano): *Digesto*, 34, 2, 19, 13; aforismo recibido por el Código Civil (art. 2328) que define a las cosas accesorias como aquellas cuya existencia y naturaleza son determinadas por otra cosa, de la cual dependen, o a la cual están adheridas.

accipiens

"merecedor", "acreedor"; dícese en general de la persona que tiene acción o derecho a pedir el cumplimiento de alguna obligación. *Vide creditor, debitor, solvens y tradens.*

accommodare ad orandam litem tempus

"facilitar el tiempo necesario para defenderse"; la defensa en juicio debe poder realizarse con el tiempo necesario; conf. artículos 354 *et seq.* del Código Procesal Penal de la Nación.

a contrariis

"por el contrario"; dícese del argumento que partiendo de la oposición entre dos hechos, concluye del uno lo contrario de lo que ya se sabe del otro.

acta est fabula

"la comedia ha concluido"; es el final de la farsa. El emperador Augusto (Caius Iulius Cæsar Octavianus Augustus) lo pronunció en su lecho de muerte. Se aplica a los juicios que han resultado ser una farsa y que concluyen con una sentencia paradigmática.

acta publica probantia per ipsas

"las actas públicas prueban por sí mismas"; aforismo que se aplica al caso de los instrumentos públicos que hacen plena fe, conforme surge del artículo 993 del Código Civil.

acta simulata veritatis substantiam mutare non possunt

"los actos simulados no pueden alterar la realidad de la verdad"; conf. artículo 955 del Código Civil y la correspondiente nota del codificador doctor Vélez Sarsfield.

actio damni infecti

"acción de daños y perjuicios"; el perjudicado por el incumplimiento en las obligaciones o por la comisión de un acto ilícito tiene el derecho a ser indemnizado por el causante de los daños. Conf. artículos 506, 1077, 1109, 1113 *et seq.* del Código Civil.

actio in rem verso

acción en contra de quien se hubiese enriquecido sin causa, en perjuicio del demandante.

actio libera in causa

"acción libre en la causa"; la *actio libera in causa* es aquella en la cual el delincuente, ya sea directa o indirectamente, se ha colocado en situación de inimputabilidad y la imputación del hecho podrá ser a título de dolo o culpa.

actiones hominum

"acciones humanas"; dícese que los derechos se ejercitan mediante las *actiones hominum* porque estas actividades son las que ponen en funcionamiento aquéllos.

actiones in personam

"acciones personales"; la que corresponde exigir a la persona o su heredero, obligada por el cumplimiento de una obligación contraída o exigible. *Verbi gratia* obligación *intuitu personæ*. Se contrapone a la acción real. *Vide actiones in rem* e *intuitu personæ*.

actiones in rem

"acciones reales"; son las que tienen por finalidad obtener judicialmente la declaración de un derecho que no afecta a la persona sino a la cosa y se contrapone a la acción personal. Conf. artículos 2756 *et seq.* del Código Civil. *Vide actiones in personam.*

actio nihil allud est quam ius persequendi in iudicio quod sibi debetur

"la acción no es sino el derecho de reclamar en juicio lo que a uno le es debido"; Flavius Petrus Sabbatius Iustinianus (Justiniano): *Instituta*, 4, 6.

actioni non natæ non præscribitur

"la acción que no ha nacido no prescribe"; conf. artículo 3953 *et seq.* del Código Civil.

actioni semel exstincta non reviviscit

"la acción una vez extinguida no revive"; conf. artículo 3947 *et seq.* del Código Civil. Debe escribirse *exstincta*, con xs y no extinta.

actio quanti minoris

"acción de reducción del precio"; se trata de la acción tendiente a la obtención de una menor cantidad a la que se encuentra obligado el deudor; *vide quanti minoris.*

actor sequitur forum rei

el demandante debe accionar ante el tribunal correspondiente al demandado; conf. artículo 5º del Código Procesal Civil y Comercial de la Nación.

actore non probante reus absolvitur

"si el actor no prueba, el reo (demandado) debe ser absuelto"; *vide reus inficiando vincit.*

actori incumbit probatio

"al actor le incumbe probar"; la carga de la prueba debe sobrellevarla el accionante.

actus omissa forma legis corruit

"omitida la forma legal, el acto carece de efectos"; aforismo receptado por el Código Civil (art. 1044) respecto de los actos nulos por fallas concernientes a la forma del acto; *verbi gratia:* testamento destituido de las formas legales, matrimonio no celebrado ante oficial público, etcétera.

ad astra

"hacia las estrellas"; destino, intención. Se usa para significar que alguien ha nacido con estrella favorable y todo le va bien.

ad augusta per angusta

"a resultados grandes por vías estrechas"; *proverbium* (adagio) que enuncia que únicamente se llega al triunfo venciendo dificultades.

ad calendas græcas

"por el calendario griego"; significa un plazo que nunca ha de cumplirse. La referencia *ad calendas græcas* se empleaba habida cuenta la inexistencia en Grecia de una manera de computar el tiempo, mediante el calendario Juliano, como existía en Roma.

ad captandum vulgus

"atraer al vulgo"; aplícase al demagogo que como argumento usa *ad captandum vulgus* un prejuicio vulgar.

ad cautélam

"por cautela", por precaución; vocablo también usado en el derecho procesal que se refiere a las medidas precautorias que se decretan *ad cautélam*.

ad corpus

"por el cuerpo"; se aplica a la venta de un inmueble, sin indicación de su área y por un solo precio. *Vide ad mensuram*.

addendum

"lo que debe agregarse"; se trata de las notas adicionales al final de una obra; en plural: los *addenda*.

ad efesios

"disparatadamente", "saliéndose del asunto"; no confundir con adefesio: persona de exterior ridículo y extravagante o prenda de vestir o adorno de la misma característica.

ad effectum videndi et probandi

"con el efecto de ver y de probar"; motivación del pedido que un juez realiza a otra autoridad judicial o administrativa, solicitándole unas actuaciones *ad effectum videndi et probandi*.

ad eundem gradum

"al mismo grado"; aplícase al caso del graduado universitario que ingresa a otra universidad, al mismo nivel, sin previo examen.

ad eventum

"eventualmente"; aplícase al caso del planteo de una cuestión subsidiaria, para ser considerada *ad eventum*. En el recurso de casación, cuando se han planteado las dos impugnaciones extraordinarias, nulidad e inaplicabilidad de ley, este último recurso resultará interpuesto *ad eventum* de aquél.

ad exemplum

"como ejemplo"; (1ª) lo que se propone, como paradigma, para ser imitado o evitado, según se considere bueno o malo, respectivamente; (2ª) se utiliza para demostrar una tesis con un ejemplo. *Vide exempli gratia* y *verbi gratia*.

ad extremum diem

"hasta el último día"; dícese de aquellas personas que siguen siendo correctas, de conducta irreprochable *ad extremum diem*.

ad finem

"hasta el final"; dícese que el proceso judicial debe seguir *ad finem* y rematar en la sentencia, porque le pone fin al litigio.

ad gloriam

"por la gloria"; aplícase al que vive presumiendo demasiado de algo y que solo lo hace *ad gloriam*.

ad gustum

"a gusto"; se aplica a la compraventa con el pacto *ad gustum* por el cual el cumplimiento del contrato, queda librado a la voluntad del beneficiario de la cláusula. *Vide ad líbitum*.

ad hoc

"para esto"; se aplica a lo que se dice o se hace sólo para un fin determinado. Suele emplearse, en un proceso, para el caso del nombramiento de un juez o funcionario *ad hoc*.

ad hominem

"al hombre"; el argumento *ad hominem* es el fundado en circunstancias personales de algún individuo, pero que no tendría valor aplicado a otra persona.

ad honorem

"por honor, honorífico"; (1ª) que sirve para honrar o que tiene los honores de una dignidad o de un empleo, *v.gr.:* tratamiento de señoría o excelencia, según sea el juez de primera o única instancia o de la cámara de apelaciones o del superior tribunal y (2ª) persona que desempeña un cargo u ostenta una calidad por el honor que representa y sin obtener ningún beneficio económico, *verbi gratia*: presidente honorario de una institución. *Vide honoris causæ.*

adhuc sub iudice lis est

"la cuestión planteada sigue sin resolverse"; Quintus Horatius Flaccus (Horacio): *Ars Poetica*, 78. Se usa para significar que el litigio está aún en poder del juez y pendiente de resolución.

ad imposibilia nemo tenetur

"nadie está obligado a lo imposible"; porque si el acto condicionado fuese físicamente irrealizable (imposibilidad física) o legalmente prohibido (imposibilidad jurídica), produciría según los casos la invalidez de la condición, subsistiendo la obligación principal.

ad infinitum

"hasta el infinito"; sin fin, ilimitado. Suele emplearse respecto de los procesos judiciales que se prolongan *ad infinitum*.

ad ínterim

"de forma interina", provisionalmente; se halla referido a la interinidad que es el tiempo que dura el desempeño de un cargo sustituyendo al titular. Es incorrecto pronunciarlo interín.

adipiscimur possessionem corpore et animo, neque per se corpore, aut per se animo

"la posesión se adquiere con el hecho y con el ánimo y no separadamente con la sola intención o con el solo cuerpo"; conf. artículo 2373 del Código Civil y la correspondiente nota del codificador doctor Vélez Sarsfield.

ad iura renuntiata non datur regressus

"no hay lugar a regreso (retractación) una vez renunciados los derechos"; conf. artículo 875 del Código Civil.

ad líbitum

"al agrado"; constituye una típica cláusula que puede contener un contrato, por la cual su cumplimiento queda librado, en forma definitiva, a la voluntad de la parte beneficiaria de la cláusula *ad líbitum*. *Vide ad gustum.*

ad litem

"para el juicio"; el vocablo se emplea referido al proceso, *verbi gratia*: administrador, procurador, tutor o curador *ad litem* y también para designar un domicilio especial en un litigio: el domicilio *ad litem.*

ad litteram

"a la letra, literalmente", conforme al sentido estricto del texto; se aplica a la reproducción escrita de lo dicho: actas *ad litteram* de una conferencia. *Vide ad pédem litteræ.*

ad maiorem Dei gloriam

"para mayor gloria de Dios".

ad mensuram

"por sus medidas"; se aplica al caso de la venta de un inmueble con determinación de sus medidas. *Vide ad corpus.*

ad misericordiam

"a la compasión"; dícese de una súplica o un argumento dirigidos a la compasión del oyente.

ad multos annos

"por muchos años"; se trata de un deseo de pervivencia, es decir la permanencia con vida a lo largo del tiempo o a pesar de los inconvenientes.

ad nauseam

hasta el punto de causar náuseas; dícese de la repugnancia causada por una cosa o por una persona.

ad nútum

"a placer"; a voluntad. Aplícase al caso de los actos jurídicos en los que se permite la revocación unilateral.

adoptio non ius sanguinis, sed ius agnationis adfert

"la adopción no confiere los derechos de la consanguinidad, sino los de la agnación". Paulo: *Digesto*, 1, 7, 23; conf. artículos 14 y 20 de la ley 19.134 de adopción.

ad pédem litteræ

"al pie de la letra"; se refiere a la exactitud literal, imprescindible en las copias de documentos. *Vide ad litteram.*

ad periculum opponi

"exponerse al peligro"; situación en la que es posible que ocurra algo malo, del que puede haber riesgo de un daño o posibilidad de ocasionarlo.

ad perpétuam

"para perpetuar"; para siempre. Aplícase al caso de ciertos cargos vitalicios.

ad probationem

"para ser probado", "para la prueba"; la formalidad exigida por la ley para la constitución de un acto jurídico tiene como finalidad esencial la prueba de dicho acto. La carencia de la formalidad requerida no invalida el acto, por ser subsanable dicha omisión con posterioridad. *Vide ad solemnitatem.*

ad quem

"a quien", "ante quien"; dícese del juez o tribunal superior ante el que se recurre. *Vide a quo* y *dies ad quem.*

ad referéndum

"con la condición de informar"; y ser aprobado por el interesado.

ad rem

"a la cosa"; responder *ad rem* es responder precisamente, categóricamente.

ad solemnitatem

"con solemnidad". Aplícase al requisito de las formalidades requeridas *sine qua non* para la validez de los actos jurídicos; conf. artículo 973 del Código Civil. *Vide ad probationem.*

ad testificandum

"para dar testimonio"; aplícase al caso de los testigos *ad testificandum* que son pagados mediante recompensa y por lo tanto son testigos venales.

adulterium sine malo dolo non committitur

"no se comete adulterio sin dolo malo"; conf. artículo 202, 1ª causal, del Código Civil.

ad ultimum animo contendere

"querer alcanzar el extremo, el *súmmum* de la perfección".

ad valórem

"según el valor" o "hasta el valor"; de uso corriente en el derecho marítimo y aduanero.

adversus

"contra", "hacia"; dícese de aquello que es contrario, desfavorable u opuesto a lo que se desea o se pretende.

ad vitam æternam

"por siempre", "eternamente".

ad vitam aut culpam

"por toda la vida o hasta la falta"; mientras dure su buena conducta como, *exempli gratia*, lo exige la Constitución Nacional (art. 110), respecto de los jueces.

ad vivum

en arte, "pintado de un modelo vivo"; de apariencia natural o viva.

advocati non ultra quam litium poscit utilitas in licentiam conviciandi et maledicendi temeritate prorumpant

"los abogados no deben prorrumpir temerariamente en ultrajes y maledicencias, más allá de lo que exija la utilidad de los juicios"; del *Codex*: 2, 6, 6, 1. Conf. artículo 35 del Código Procesal Civil y Comercial de la Nación.

advocatus

"el que es llamado a defender", "abogado".

advocatus diaboli

"abogado del diablo"; dícese de la persona que contradice o pone muchos reparos.

æquam servare mentem

"mantener la mente tranquila". Quintus Horatius Flaccus (Horacio): *Odas*, 11, III, 1 y 2.

æquitas præferetur rigori

"es preferible la equidad que el rigor"; *vide multa pro æquitate contra ius dicere*.

æquo animo

"con la mente tranquila". Marcus Tullius Cicero (Cicerón): *Ad Atticum*, VI, 8.

æquum accipitur ex dignitate eius, qui funeratus est, ex causa, ex témpore, et ex bona fide

"la equidad manda que los gastos funerarios sean apreciados conforme la dignidad de la persona de que se trata, las causas, el tiempo del fallecimiento y la buena fe"; conf. artículo 2307 del Código Civil.

æquum est, ut cuius participavit lucrum, participet et damnum

"es equitativo que quien participó de las ganancias, participe también de las pérdidas". Domitius Ulpianus (Ulpiano): *Digesto*, 17, 2, 55; conf. artículo 1652 del Código Civil.

affectio maritalis

"afecto entre los esposos".

affectio societatis

"afecto societario"; reciprocidad de confianza entre los socios.

affidavit

"dar fe de"; sirve para designar la declaración prestada por escrito ante un funcionario dotado de fe pública. No escribir *afidávit*, que es un anglicismo.

affinitas est civile vinculum ex nuptiis et sponsalibus descendens

"la afinidad es un vínculo civil que deriva de las nupcias y de los esponsales"; conf. artículo 363 del Código Civil.

afirmanti incumbit probatio

"la prueba incumbe a quien afirma"; conf. artículo 377 del Código Procesal Civil y Comercial de la Nación. *Vide nemo tenetur edere contra* y *onus probandi incumbit actori*.

a fortiori

"con mayor motivo", "con mayor razón"; se trata de una argumentación consistente en establecer primero la verdad de una proposición universal, a fin de deducir de ella una proposición particular, y por ello es que el argumento *a fortiori* es el usado "aun con mayor razón".

agere aliquid pro viribus
"hacer una cosa en la medida de sus fuerzas"; porque no se puede pedir algo imposible de realizar.

alea iacta est
"la suerte está echada"; Caius Suetonius Tranquillus (Suetonio): *Cæsar*, 32. *Alea iacta est* se dice al tomar una decisión arriesgada.

alias
"por otro nombre", "de otro modo", apodo; en plural: "los alias".

alicui bene
"aconsejar bien", dar un buen consejo.

alicui credere
"creer en alguien", tener fe.

alicui honesta petendi satisfacio
"dar satisfacción a una petición razonable"; empléase como pedido al tribunal de apelación, respecto de una petición desoída por el juez de primera instancia.

alienato est omnis actus, per quem dominium transfertur
"enajenar es todo acto mediante el cual se transfiere el dominio".

alieni iuris
"incapaz de derecho".

aliquem vocare in partem
"hacerlo partícipe a uno", "tener uno parte en una cosa"; conf. artículos 2673 *et seq.* del Código Civil.

aliud clausum in pectore, aliud promptum in lingua habere
"ocultar una cosa en su corazón y dar a entender otra cosa con la boca"; aplícase al caso de la falta de franqueza.

aliud est mentiri, aliud dicere mendacium

"una cosa es mentir, y otra es decir mentiras"; el criterio de la falsedad del testimonio no depende de las relaciones entre lo dicho y la realidad de las cosas, sino de las relaciones entre lo dicho y el conocimiento del testigo.

aliud pro alio invito creditore solvi non potest

"no se puede dar en pago una cosa en lugar de otra sin el consentimiento del acreedor"; conf. artículo 740 del Código Civil.

alma máter

"madre nutricia"; se aplica a la patria o a la universidad. Debe decirse: la *alma máter*, ya que se trata de un adjetivo latino de género femenino, a diferencia de "el alma", (*anima*) con el que no tiene ninguna relación.

álter ego

"mi otro yo"; se dice del amigo íntimo, el de toda confianza o que puede sustituir a otra persona eficazmente.

alterius aut negligentia, qui diligens fuit, nocére non debet

"la negligencia de uno, no puede perjudicar la diligencia del otro".

amotio

"apartar, alejar"; acción de remover la cosa, que se toma en cuenta para distinguir uno de los momentos de consumación del delito de hurto. *Vide ablatio, contrectatio* e *illatio*.

an debeatur

"lo que se debe"; el proceso de ejecución reconoce dos etapas, la primera el *an debeatur* y la segunda destinada a determinar el *quantum debeatur*.

animus

"intención, voluntad, propósito". Constituye el elemento que debe tenerse en cuenta para establecer la naturaleza de algunas situaciones jurídicas, *verbi gratia: animus donandi* significa el propósito de realizar una liberalidad.

animus domini
"propósito de señorío"; *verbi gratia*: existe *animus domini* si hay intención de proceder respecto de una cosa como su propietario.

animus donandi
"propósito de donar"; significa el propósito de realizar una liberalidad.

animus iniuriandi
"propósito de injuriar"; se halla referido *stricto sensu* al delito de injurias y no a *iniuria* ("injusticia").

animus iocandi
"propósito de bromear"; se refiere al uso de chanzas o burlas.

animus lucrandi
"propósito de lucrar"; se refiere a la ganancia o provecho que se saca de una cosa.

animus necandi
"propósito de matar", de quitar la vida.

animus nocendi
"propósito de dañar o perjudicar".

animus novandi
"propósito de novar"; referido a la novación como una de las formas de extinción de las obligaciones, que consiste en la transformación de una obligación en otra.

animus possidendi
"propósito de poseer".

animus rem sibi habendi
"propósito de tener para sí", intención de tener una cosa para sí.

a non domino

"por quien no es propietario"; aplícase al caso del título o causa de la obligación que no surge del propietario; conf. artículo 4010 del Código Civil.

ante merídiem

antes del mediodía; abreviatura: *a.m.*

ante nuptias

"antes de las nupcias"; aplícase a las convenciones prematrimoniales.

a pari

"a la par"; dícese del argumento fundado en razones de semejanza y de igualdad entre el hecho propuesto y el que de él se concluye.

apertis verbis

"con palabras terminantes"; dícese de un concepto, idea o proyecto rechazado *apertis verbis*.

aphorismus

"aforismo"; sentencia breve y doctrinal que se propone como regla y que tiende a concretar los justos términos de una verdad, sentencia, axioma o máxima instructiva (*v.gr.: acta publica probantia per ipsas, acta simulata veritatis substantiam mutare non possunt, cuique defensio tribuenda, nuptias non cuncubitus sed consensus facit, confusio est cum debitur et creditor una persona fit, obligatio extinguitur per confusionem vel solutionem*, etc.).

a posteriori

"por lo que viene después", "por la experiencia"; indica una demostración por la cual hay que ir del efecto a la causa, o de las propiedades de una cosa a su esencia. Se trata de una argumentación conforme las consecuencias. Vulgarmente se usa por "posteriormente".

a potiori

"de mayor valor", "más importante", "mejor", "preferible"; argumentación de síntesis que concluye y refuerza un conjunto de juicios, indicando la última demostración lógica que con mayor razón corresponde al argumento desarrollado.

a priori

"por lo que precede"; argumentación que da a entender que algo está considerado "antes de todo examen". Se dice de los conocimientos que son independientes de la experiencia.

apud acta

"mediante acta"; se aplica a las actas realizadas en un expediente judicial.

a quo

"del cual"; desígnase al juez o tribunal contra cuya sentencia se ha interpuesto un recurso. *Vide dies a quo* y *ad quem*.

arare cavare

"arar y cavar"; locución que indica la tarea diaria del labrador, y por extensión la tosquedad de la persona que sólo sabe los rudimentos de su profesión u oficio; el castellano del medioevo había acuñado la frase: *arate cavate* y se aplica a los profesionales mediocres.

arbiter nihil extra compromissum facere potest

"el árbitro no puede resolver nada fuera del compromiso"; conf. artículo 781 del Código Procesal Civil y Comercial de la Nación.

argumentum

"argumento"; razón que se aduce en favor de algo. El *argumentum* trata del razonamiento usado para probar o demostrar algo o para convencer a otro de lo que se afirma o se niega.

argumentum ad absurdum

"argumento absurdo"; el *argumentum ad absurdum* consiste en demostrar que una afirmación es válida, porque la interpretación contraria resultaría absurda.

argumentum ad innocentiam

"argumento en favor de la inocencia"; esta locución debe entenderse de una manera relativa frente al principio enunciado en el *status innocentis*, el que debe ser destruido mediante un estado de certeza afirmativa que lo aleje al juez de toda duda; conf. artículo 1º del Código Procesal Penal de la Nación. *Vide in dubio pro reo, innocentia* y *status innocentis.*

argumentum a maiori ad minus

"argumentación de lo más a lo menos".

argumentum a minori ad maius

"argumento de lo menos a lo más".

argumentum a símili

"por semejanza"; empléase el *argumentum a símili* para referirse a un argumento que se funda en motivos de semejanza o de igualdad entre dos hechos.

auctoritate sua

"por propia autoridad"; aplícase al caso de las sentencias arbitrarias, que se toman *auctoritate sua*, es decir sin otro fundamento visible que el mero arbitrio del juzgador.

audaces fortuna iuvat

"la fortuna ayuda a los audaces"; *proverbium* que trata de la circunstancia o causa indeterminada a la que se atribuye un suceso, en este caso bueno, que ayuda a quien se toma el atrevimiento o valor para hacer o decir alguno nuevo, arriesgado o peligroso. Publio Vergilius Marón (Virgilio): la *Eneida*, X, 283.

audi alteram partem

principio procesal mediante el cual se formula que "para juzgar con imparcialidad es preciso escuchar a ambas partes". *Vide audiatur altera pars* e *in audita altera pars.*

audiatur altera pars
"óigase a la otra parte"; el principio de igualdad domina el proceso, porque oír a la otra parte es la expresión de la denominada bilateralidad de la audiencia. *Vide audi alteram pars* e *in audita altera pars*.

axis mundi
"eje o centro del mundo"; lo que se considera el centro de algo, en torno al cual gira todo lo demás: "los hijos son el *axis mundi* de los padres".

beate et honeste vivere
"llevar una vida feliz y honesta".

beati pauperes spiritu
"felices los pobres de espíritu"; irónicamente se emplea para designar a aquellos que alcanzan el éxito, a pesar de su escasa inteligencia.

beatus ille qui procul negotiis
"dichoso aquel que puede estar lejos de los negocios"; la versión castellana pertenece a fray Luis de León: "que descansada vida la del que huye del mundanal ruido".

bene facere
"hacer una acción buena"; *vide iniuste facere*.

benefactum
"buena acción", beneficio: bien que se hace o se recibe.

bene moratus
"de buenas costumbres".

bis

"dos veces"; numeral que añadido a cualquier número entero, indica que tal número se ha repetido por segunda vez y en la técnica legislativa se usa para designar el segundo añadido a un artículo o norma de una ley vigente, sin que se altere la numeración original. *Vide ter, quáter, quinquies, sexies, septies* y *octies.*

bis dat qui cito dat

"quien hace prontamente un favor, merece doble agradecimiento del favorecido".

blandus amicus

"amigo adulador"; aplícase al que halaga interesadamente.

bonæ memoriæ

"de grato recuerdo".

bonæ fidei possessor suos facit fructus consumptos

"el poseedor de buena fe convierte en suyos los frutos consumidos"; conf. artículo 2358 y la nota del codificador del Código Civil.

bona fide

"de buena fe"; del convencimiento, en quien realiza un acto jurídico, de que éste es verdadero, lícito y justo.

breviloquens

"concisión"; brevedad en el modo de expresar los conceptos. *Vide multa paucis.*

breviloquentis

"de pocas palabras"; dícese del que es parco en sus expresiones.

brevitatis causa

"por causa de brevedad"; remisión a otro texto por razones de concisión. *Vide propter rationem brevitatis.*

breviter et commode dicta

"dicho apropiado y breve", aforismo, dicho ingenioso.

breviter faciam

"diré en pocas palabras"; se usa como un *introitus* a una conversación, a un escrito o a un discurso que se anticipa será breve.

calumniari est falsa crimina intendere

"calumniar es imputar falsos delitos"; conf. artículo 109 del Código Penal.

capitis diminutio

"disminución de la capacidad"; se aplica al caso de una persona que sufre una disminución en sus facultades.

carpe diem

"aprovecha el día presente"; Quintus Horatius Flaccus (Horacio): *Odas*, I, 11, 8. Nos recuerda la brevedad de la vida y que ella merece ser plenamente vivida.

casus

"por casualidad", denominación del llamado "caso fortuito": suceso que no ha podido preverse o que, previsto, no ha podido evitarse; conf. artículo 514 del Código Civil. *Vide fortuitus casus est, qui nullo humano consilio prævideri potest.*

casus belli

"caso de guerra"; acontecimiento que da motivo a una guerra.

casus fortuitus a mora excusat
"el caso fortuito excusa la mora"; conf. Código Civil, artículos 508, 513 y 514 y la nota del codificador.

causa causans
"causa real"; se dice de la causa que en realidad opera en una determinada circunstancia para producir un efecto.

causa movens
"causa motivo"; causa que motiva el emprender una acción.

causa petendi
"la causa del pedido"; el fundamento o el motivo de la pretensión jurídica.

cedant armæ togæ
"ceda el arma a la toga"; para la solución de los conflictos tiene siempre que recurrirse a la justicia antes que a la guerra.

censor morum
se dice de aquel que castiga la delincuencia moral.

certis auctoribus aliquid comperisse
"saber de buena fuente"; alude al documento, material o medio que proporcionan información confiable.

certum est quia impossible est
"es cierto porque es imposible".

cessionarius est pro creditor
"el cesionario está en lugar del acreedor"; conf. artículos 1434 *et seq.* del Código Civil.

cetera desunt
"el resto falta"; se utiliza para indicar que la parte restante de un manuscrito no existe.

circa

"cerca de", "alrededor de", "aproximadamente"; úsase para indicar una fecha aproximada de acontecimiento de un hecho: *circa* 1000 y se abrevia *c.* seguido del año.

citra petitio

dícese de la sentencia que omite el pronunciamiento sobre la cuestión principal o sobre una cuestión esencial para decidir la litis. Los pronunciamientos de este tipo son nulos (conf. artículo 168, Const. Prov. de Buenos Aires) o descalificados, por la vía del recurso extraordinario federal, como actos jurisdiccionales válidos. *Vide extra petitio, infra petitio* y *ultra petitio.*

clausulæ repugnantia semper capienda est ea interpretatione, per quam fiat ut utraque clausula operetur

"ante la contradicción de las cláusulas, siempre se ha de preferir aquella interpretación por la cual una y otra cláusula tengan eficacia"; conf. artículo 218, inciso 3° del Código de Comercio.

codex

"código"; cuerpo de leyes dispuestas según un plan metódico, sistemático y ordenado: *verbi gratia: codex civilis.*

coeundi

la impotencia *coeundi* se halla referida a la imposibilidad de cópula perfecta y como tal se vincula con la institución matrimonial. *Vide generandi.*

cogito, ergo sum

"pienso, luego existo"; en medio de un gran escepticismo Descartes (s. XVII) llega al conocimiento de su propia existencia por medio del pensamiento: *cogito, ergo sum*, ya que no importa cuán profunda sea mi duda, porque debo existir para dudar.

commodum eius esse debet, cuius periculum est

"la ventaja debe ser, para quien corre el riesgo"; se aplica como regla de interpretación contractual.

communis opinio

"opinión generalizada"; dícese del concepto o parecer que se forma la mayor parte de las personas de una cuestión controvertida o discutida.

compendium

"compendio"; resumen de lo más selecto de una obra, porque se trata de una exposición breve en la que se recopila y se sintetiza lo esencial de algo.

compensatio est debiti et crediti inter se contributio

"la compensación es la interna unión de un crédito y una deuda", la reunión de la calidad de acreedor y deudor recíprocos; conf. artículo 818 y la nota del codificador del Código Civil.

concretus ex pluribus naturis

"compuesto de varios elementos".

condicio

"condición, situación, estado"; *condicio* etimológicamente es derivada de *cum et dico (dicio)* razón por la cual no debe escribirse ni *conditio*, ya que significa: (1ª) "fundación, creación", (2ª) "condimentación, sazonamiento", y menos "condictio" que no figura en el diccionario latino.

condicio existens ad initium negotii retrohabetur

"la existencia de la condición se retrotrae al inicio del negocio"; conf. artículo 546 del Código Civil. *Vide condicio.*

condiciones, quæ contra bonos mores inserentur, remittendæ sunt

"las condiciones que se insertan contra las buenas costumbres, deben tenerse por no escritas"; conf. artículo 530 del Código Civil. *Vide condicio.*

condicio sine qua non

"condición sin la cual no es posible, condición inexcusable"; se emplea para referirse a algo que no es posible sin una condición determinada, porque es aquella sin la cual no se hará una cosa o se tendrá por no hecha. Debe pronunciarse: "sinekuanón" y no: sinekuánon. *Vide condicio* y *sine qua non.*

---

confessio dividi non debet
"la confesión no debe dividirse"; conf. artículo 424 del Código Procesal Civil y Comercial de la Nación.

confessio est regina probationum
"la confesión es la reina de las pruebas"; conf. artículo 423 del Código Procesal Civil y Comercial de la Nación.

confessio soli confitenti nocet
"la confesión sólo perjudica al confesante"; conf. artículos 411 y 423 del Código Procesal Civil y Comercial de la Nación.

confessus pro iudicato habetur, qui quodammodo sua sententia damnatur
"el confeso se tiene por juzgado y en cierto modo condenado por su propia sentencia"; conf. artículo 423 del Código Procesal Civil y Comercial de la Nación.

confusio est cum debitor et creditor una persona fit
"hay confusión, cuando el deudor y el acreedor forman una misma persona"; conf. artículo 862 del Código Civil.

conscientia bene actæ vitæ
"la convicción de haber vivido honradamente".

consensus
"asenso, consentimiento"; dícese que hay existencia de *consensus* especialmente referido al de todas las personas que componen una corporación, por la coincidencia de opiniones o de pareceres entre los consultados o los que deben resolver la cuestión. Distinto es el acuerdo que es una decisión acordada tras un debate.

consilium fraudis
"intención dolosa".

consortium

"consorcio", comunidad de bienes o unión o asociación de personas o de elementos que tienen intereses comunes o que tienden a un mismo fin, especialmente referido a la agrupación de entidades para negocios importantes.

consuetudo vitæ

"modo habitual de vivir"; *vide extra consuetudinem.*

consultus iuris

"docto en derecho"; jurisconsulto, abogado consultor.

contortulus

"algo embrollado", retorcido, alambicado.

contra atque oportet

"contra lo que conviene".

contra bonos mores

"en contra de los buenos modales"; en contra de los cánones del buen comportamiento.

contractus ex conventionis lege accipere dignoscuntur

"se halla reconocido que los contratos reciben su ley de la convención"; conf. artículos 1137 y 1197 del Código Civil. *Vide conventio legem dat contractui.*

contradictio in terminis

"contradicción en los términos"; dícese de un argumento que padece de contradicciones internas.

contra legem

"contrariamente a la ley"; aplícase en el supuesto de la sentencia *contra legem*, porque aplica la ley como si estableciera otra cosa que lo que ella realmente dispone, o aplica caprichosamente un derecho imaginario o inexistente, caso en que la sentencia resultará teñida por la arbitrariedad. *Vide auctoritate sua, ista sententia* y *pseudo sententia.*

contra naturam

"contrariamente a la naturaleza"; aplícase a los casos *contra naturam* que resultan ser contrarios a lo normal o regular en un orden de cosas.

contra non valentem agere non currit præscriptio

"la prescripción no corre contra quienes no pueden actuar en justicia"; aplícase al caso de los incapaces que se hallan imposibilitados de actuar por sí mismos; conf. artículo 3980 del Código Civil.

contra reum

"en contra del reo"; *vide pro reo* y *favor rei*.

contrario sensu

"en sentido contrario"; se aplica a las interpretaciones en cuanto resultan ser explicaciones o declaraciones del sentido de una cosa. No debe decirse: *a contrario sensu. Vide lato sensu* y *stricto sensu*.

contrectatio

"tocamiento"; acción de tocar la cosa, que se tomaba en cuenta para distinguir uno de los momentos de consumación del delito de hurto. *Vide ablatio, amotio* e *illatio*.

conubii societas

"sociedad conyugal"; conf. artículos 1217 *et seq.* del Código Civil.

conventio legem dat contractui

"la convención otorga fuerza de ley al contrato"; se aplica a las convenciones hechas en los contratos, porque forman para las partes una regla a la cual deben someterse como a la ley misma; aforismo éste que ha sido recogido por el artículo 1197 del Código Civil.

conventionis verbum generale est ad omnia pertinens, de quibus negotii contrahendi, transigendique causa consentiunt qui inter se agunt

"la palabra convención es genérica y se extiende a todo aquello sobre el que, para celebrar o transigir un negocio, consienten los que tratan entre sí"; conf. artículos 1137 y 1197 del Código Civil.

conventio perficit emptionen

"la convención perfecciona la venta", Domitius Ulpianus (Ulpiano): *Digesto*, 18, 1, 2; aforismo recibido por el Código Civil (art. 1323) que define a la compraventa, como un contrato.

córam loqui

"en presencia de una persona", "hablar cara a cara"; se aplica a la diligencia procesal, denominada careo, por la cual se pone frente a frente a dos personas con el objeto de aclarar la verdad.

córam pópulo

"en público"; mostrarse en público.

córam videre

"personalmente", ver personalmente.

corpus delicti

"cuerpo del delito", se trata del conjunto de aspectos materiales del delito, de comprobación objetiva que confirman su existencia; conf. artículo 101 del Código Procesal Penal de la provincia de Buenos Aires.

corpus iuris

"cuerpo jurídico".

corruptio optimi pessima

"la corrupción del mejor, es la peor"; cuando lo mejor se corrompe, se convierte en lo peor.

creditor

"acreedor"; *vide debitor* y *accipiens*.

cretio

"aceptación de una herencia".

cuique defensio tribuenda

"cada uno debe tener derecho de defensa"; aforismo receptado por el artículo 18 de la Constitución Nacional.

cuius est condere legem, eius est abrogare
"quien tiene facultades para crear una ley, también la tiene para derogar-la"; se aplica al legislador y contrariamente al juez que no puede derogar sino aplicar las normas legales, salvo la *ultima ratio* de declarar su inconstitucionalidad.

culpa in contrahendo
"culpa precontractual"; dícese de la violación de la obligación de diligencia, que las partes deben observar también en el transcurso de las relaciones que preceden al contrato mismo.

cum aliquo congruere
"estar de acuerdo con uno".

cum aliquo dissidere
"discrepar de uno".

cum aliquo pugnare
"luchar con uno"; sirve para caracterizar la posición de hostilidad de la contraparte en un proceso judicial.

cum eo quod
"a condición de que".

cum in verbis nulla ambiguitas est, non debet admitti voluntatis quæstio
"cuando en las palabras no hay ambigüedad, no debe admitirse el cuestionamiento de la voluntad"; el aforismo tiene aplicación en materia de interpretación de los contratos.

cum laude
"con alabanza"; se aplica a la calificación de una tesis doctoral.

curator ad litem
"curador para el litigio".

curator ventris

curador para el *nasciturus*.

currículum vitæ

"historial"; reseña del historial profesional o de la capacidad profesional de una persona. Comúnmente se emplea sola la palabra *currículum* y se abrevia *C.V.*

da mihi factum, dabo tibis ius

"dad los hechos, que ellos dicen el derecho"; dícese de los jueces que, por su función específica, juzgan los hechos a la luz de las normas aplicables. *Vide ex facto oritur ius* y *iura novit curia*.

damnum emergens

"daño emergente"; aplícase a la pérdida que el *accipiens* sufre por el incumplimiento de la obligación; conf. artículos 519 *et seq.* del Código Civil.

damnum infectum est damnum nondum factum, quod futurum veremur

"daño potencial es el daño que aún no se ha producido, pero que vemos como futuro"; se trata del "daño potencial", el que puede llegar a producirse, por oposición al "daño actual" y en el Derecho Penal adquiere especial importancia en los "delitos de peligro". Conf. artículos 1068, 1109 *et seq.* del Código Civil.

damnum pati videtur, qui commodum amittit, quod consequi poterat

"se entiende que sufre daño quien pierde una ganancia que habría podido obtener"; Domitius Ulpianus (Ulpiano): *Digesto*, 43, 8, 2, 11; aforismo recibido por el Código Civil, artículos 1069 y 1109.

damnum sarcire
"reparar el daño"; conf. artículo 1078 *et seq.* del Código Civil.

datio in solutum
"dación en pago"; alude a la forma de cumplimiento de una obligación.

de auditu
"de oídas"; saber una cosa tan sólo de oídas. Se aplica a los testigos que prestan testimonio *de auditu*, ya que sólo lo saben a través de la información de los testigos presenciales.

debitor
"deudor"; *vide creditor.*

debitor speciei liberatur interitu rei
"el deudor de una especie se libera si la cosa perece"; conf. artículo 578 del Código Civil. *Vide res perit et acrecit domini.*

de cuius
"de aquél", "de quien"; de la persona cuya sucesión se trata. *Vide abintestato* y *ab intestato.*

decursus honorum
"carrera de honores"; paso sucesivo por todos los cargos desempeñados.

de facto
"de hecho"; *vide de iure.*

deforme est de se ipso predicare
"es feo elogiarse a sí mismo".

defuncto eo qui reus fuit criminis, et poena extinctæ est
"muerto quien fue reo de un crimen, también se extingue la pena"; conf. artículo 59 del Código Penal.

Dei gratia
"a Dios gracias"; agradecimiento.

---

de iure

"de derecho"; *vide de facto.*

de lege ferenda

"en tanto se refiere a una ley a dictarse"; se alude a la ley, pero no tal como es, sino como tendría que ser. *Vide de lege lata.*

de lege lata

"en tanto se refiere a una ley en vigencia"; es decir aquella norma legal, que aun con imperfecciones, es la que hay que observar por encontrarse vigente. Se dirige a la ley tal como es. *Vide de lege ferenda.*

delictum iteratum gravius est

"el delito reiterado es más grave"; conf. artículo 41 del Código Penal.

delírium trémens

delirio con agitación provocado por el abuso de bebidas alcohólicas.

de lucro captando

"para producir lucro"; dícese de los contratos comerciales en que el beneficio o ánimo de lucro está siempre presente.

de novo

"de nuevo"; hacer algo de nuevo o volver a empezar.

Deo gratias

"gracias a Dios".

Deo volente

"queriéndolo Dios", Dios mediante.

de profundis

"desde lo más profundo".

derelictio

"abandono"; derrelinquir. Aplícase al supuesto de la dejación material y voluntaria que se hace de una cosa mueble, por lo que se convierte en *res derelictæ*.

desiderátum

"lo más digno de ser apetecido"; en plural es: *desiderata*. Es sinónimo de aspiración o ideal.

desitum est disputari

"poner fin a la discusión"; concluir con un litigio mediante el dictado de la sentencia.

desperationem afferre alicuius rei

"perder las esperanzas de algo", desesperanza; aplícase a los litigios que por su lentitud provocan en los justiciables *desperationem afferre alicuius rei*.

desuetudo

"desuso"; falta de aplicación o inobservancia de una ley, que implica su derogación de facto.

deterrere ab iniuria

"apartarse de la injusticia"; dícese que los jueces deben, en la aplicación del derecho *deterrere ab iniuria*.

Deus ex máchina

"Dios desde la máquina"; expresión teatral. Da a entender la intervención feliz que resuelve de pronto una situación crítica.

de vesperi suo vivere

"vivir a su manera".

de visu

"de vista"; es equivalente a "por haberlo visto". Se aplica *verbi gratia* en materia procesal, cuando el juez llama ante sí a los justiciables o realiza inspecciones por sí o por un funcionario delegado (secretario o policía) para tomar contacto directo con las personas o con las cosas. *Vide in situ.*

de vita et móribus

"sobre vida y costumbres"; se aplica a la previa información que debería obtenerse imprescindiblemente de una persona para cubrir un cargo público.

dicere ab reo

"hablar en favor del reo"; aplícase a los testigos que sin incriminar al reo, hablan bien de él.

dictum

"dicho"; apotegma, concepto sentencioso. Dícese de la motivación que da el fundamento a una decisión judicial y por ende, respecto de la técnica recursiva, el *dictum* es el objeto preciso de la impugnación.

dies ad quem

"término de un plazo"; señala el día final del plazo. *Vide dies a quo.*

dies ad quem computatur in termino

"el día del vencimiento se computa hasta el término del plazo"; señala al término como el momento final del plazo. *Vide dies a quo non computatur in termino.*

dies a media nocte incipit

"el día comienza a la medianoche"; conf. artículo 24 del Código Civil.

dies a quo

"a partir del momento"; indica el día en que empieza a contarse el plazo. *Vide dies ad quem.*

dies a quo non computatur in termino

el día del comienzo no se computa en el plazo; conf. artículo 24 del Código Civil. *Vide dies ad quem computatur in termino.*

dies iræ

"el día de la ira"; el día del juicio final.

difficilioris probationis
"prueba muy difícil"; se aplica a la prueba de hechos negativos, y en este caso respecto de la *difficilioris probationis* el juez debe atemperar el rigorismo del derecho a fin de resguardar los intereses legítimos.

digna causa
"causa justa".

dignoscere rectum
"distinguir entre el bien y el mal".

dignum est
"es justo"; se usa como petición final en los escritos judiciales y es sinónimo de "será justicia".

dispendia moræ
"pérdida de tiempo", los jueces deben evitar el dispendio jurisdiccional que produce *dispendia moræ* los juicios.

diuturna consuetudo pro iure et lege in his, quare non excripto descendat, observari solet
"la costumbre que se prolonga en el tiempo tiene fuerza de derecho y de ley, en ausencia de una ley escrita"; *vide inveterata consuetudo, pro lege inmerito custoditur.*

divide et impera
"dividid y vencerás"; se dice que desuniendo los ánimos y las voluntades se introduce discordia que debilitan a la oposición.

divortium aquarum
"divisoria de las aguas"; conf. artículo 3082 *et seq.* del Código Civil y también se usa en el derecho internacional público con motivo de los límites dados por "las más altas cumbres que dividen aguas".

dixit
"ha dicho"; se usa para dejar constancia de quien proviene lo que se ha dicho, la fuente de la información: fulano *dixit. Vide magister dixit.*

doctus cum libro

"sabio con el libro"; se aplica a las personas que incapaces de pensar por sí mismas, buscan las ideas en las obras ajenas.

dolus non præsumitur

"el dolo no se presume"; la regla es que la prueba del dolo incumbe al acreedor. Conf. artículo 506 del Código Civil.

dominus coeli et inferorum

"señorío sobre cielo e infierno"; el dueño del suelo lo era también de todo lo que estaba por encima y por debajo de él.

dona ne capiantur neve gesta neve gerenda potestate

"no deben aceptarse dones ni para ejercer el poder ni una vez ejercido".

donatio

"donación"; cuando una persona, por acto entre vivos, transfiere de su libre voluntad gratuitamente a otra la propiedad de una cosa (conf. artículos 1789 *et seq.* del Código Civil).

do ut des

"doy para que des"; expresa el móvil de una acción con esperanza de reciprocidad. *Vide do ut facias.*

do ut facias

"doy para que hagas"; *vide do ut des.*

duobus simul obligatis si non fuerit adiectum ut in solidum tenerentur tacite intelliguntur teneri ex æquo

"si se obligaron dos al mismo tiempo, y no se hubiere agregado que lo hacían solidariamente, se consideran tácitamente obligados por mitades"; conf. artículo 701 del Código Civil.

Duodecim tabulæ

"Doce tablas"; Ley de las XII Tablas.

dura lex, sed lex

"la ley es dura, pero es la ley".

effracta

"fractura"; es la acción o el efecto de romper cosas dotadas de alguna resistencia física defensiva que cierren o delimiten un ambiente y la *effracta* configura el robo agravado, conf. artículo 167, inciso 3° del Código Penal. La palabra efracción es un galicismo.

ego

"yo"; el ser espiritual del hombre, la mente.

ei incumbit probatio qui dicit, non qui negat

"la prueba incumbe a quien afirma, no a quien niega"; conf. artículo 377 del Código Procesal Civil y Comercial de la Nación.

electa una via, non datur recursus ad alteram

"una vez que se ha elegido un procedimiento, no puede adoptarse otro".

eligendi optionem dare alicui

"dar a uno la libertad de escoger"; aplícase cuando existe libertad de elección.

erga omnes

"contra todos, respecto de todo"; se aplica para calificar aquellos derechos cuyos efectos se producen con relación a todos. En nuestra legislación las normas generales tienen efecto *erga omnes*, no así los pronunciamientos jurisdiccionales, aun los emanados de la Corte Suprema, que carecen del efecto *erga omnes*.

ergo

"por lo tanto, luego"; por consiguiente.

errare humánum est

"es propio del hombre equivocarse".

erratum
"error"; plural: *errata*.

error communis facit ius
"el error común hace derecho".

essentialia negotii
"premisas esenciales del negocio"; dícese de la necesaria existencia de dichas premisas en el negocio jurídico.

esto perpetua
"que dure para siempre"; se aplica en aquellos casos en los que se estima que la situación actual, que se está viviendo, debería perdurar.

est pactio duorum pluriumve in ídem placitium consensum
pacto es el consentimiento de dos o más personas sobre una misma cosa; Domitius Ulpianus (Ulpiano): *Digesto*, 2, 14, 1, 2; aforismo recibido por el Código Civil (art. 1137 del Código Civil). *Vide contractus ex conventionis lege accipere dignoscuntur* y *conventio legem dat contractui.*

et alii
"y otros"; mediante la abreviatura *et al.* la Suprema Corte de los Estados Unidos de América lo aplica para caratular los expedientes e indicar que en el juicio hay más de un activo o pasivo sujeto procesal y también se aplica en las referencias bibliográficas a continuación de un nombre de persona, para indicar que la obra está escrita además por otras personas. Es erróneo usar: *et alia*, ya que significa: "y otras cosas".

et cætera
"y el resto", "y lo demás", etcétera.

et hoc genus omne
"y toda esa clase de gente"; úsase para englobar a todo lo que se deriva de un grupo de seres que poseen características comunes; *verbi gratia*: "los delincuentes *et hoc genus omne*".

et sequentes
"y los siguientes"; abreviatura: *et seq.* Es el plural de *et sequentia.*

et sequentia
"lo que sigue, lo siguiente"; se halla referido a un texto. Se abrevia *et seq.* y el plural es *et sequentes.*

eventus damni
"daño eventual".

eventus doli
"dolo eventual".

ex abrupto
"arrebatadamente, de improviso", es una expresión adverbial; no confundir con "exabrupto" que es un sustantivo, que se escribe junto y significa "salida de tono, dicho inoportuno": lanzó un exabrupto.

ex æquo
"con igual mérito", "por igual, con igualdad"; alude a la clasificación por igual mérito: empate.

ex animo
"sinceramente", "sin reservas", "de buen grado"; aplícase al caso de las expresiones que por ser realizadas *ex animo* son abiertas y teñidas de sencillez y veracidad.

ex cáthedra
"desde la cátedra"; familiarmente indica un tono magistral y decisivo, aunque en ocasiones pedantesco.

exceptio firmat regulam
"la excepción confirma la regla"; la regla, por su efecto *erga omnes* se aplica a la generalidad, salvo los casos exceptuados que ocurren rara vez, los que por tal motivo corroboran la regla.

exceptio mali processus

"excepción de negligente defensa"; se trata de la excepción que el demandado por una pretensión regresiva puede oponer al no habérselo citado como tercero al proceso donde se determinó la responsabilidad (art. 94, Cód. Proc. Civ. y Com. de la Nac.), *verbi gratia*: el dueño de la cosa causante del daño puede pedir la citación del responsable directo (art. 1113, Cód. Civ.) como así el principal, la de su dependiente (art. 1123, Cód. Civ.).

exceptio non adimpleti contractus

"excepción de contrato no cumplido"; en materia contractual la *exceptio non adimpleti contractus* permite a una de las partes, frente al incumplimiento de la otra con su prestación, a abstenerse, recíprocamente, de cumplir con la suya. Conf. artículo 1201 del Código Civil.

exceptio pluribus concubium

"excepción de numerosas uniones sexuales"; en la acción de filiación es indiferente que la madre en la época anterior a la concepción o posteriormente al parto haya tenido relaciones con otros hombres, ya que la investigación de su conducta, mediante la *exceptio pluribus concubium,* debe vincularse exclusivamente a la época de la concepción (*vide* arts. 76, 77, Cód. Civ., según la reforma de la ley 23.264 y 240 y sigs.).

exceptio probat regulam

"la excepción prueba la regla"; si se hacen ciertas excepciones en un documento, confirma que la regla es válida en todos los demás casos.

exceptio veritatis

"excepción de la verdad"; se aplica a la posibilidad de demostrar, en los delitos de calumnias e injurias y mediante la *exceptio veritatis*, la certeza de la expresión ofensiva; conf. artículo 109 *et seq.* del Código Penal.

ex communi consensu

"de común acuerdo".

ex corde

"de todo corazón"; cordialidad.

ex delicto
"de un delito"; surgiendo de un delito.

exempli gratia
"por ejemplo"; abreviatura: *e.g. Vide ad exemplum* y *verbi gratia.*

ex facto oritur ius
"del hecho nace el derecho".

ex gratia
designa un pago hecho como favor.

existimatio
"consideración pública"; aplícase al caso de la persona con reputación, o también a la pérdida de la *existimatio* por la infamia o la vergüenza pública.

ex lege
"de la ley, según la ley".

ex libris
"de los libros"; inscripción que suele colocarse en los libros con el nombre o iniciales del dueño, con el fin de marcar su posesión. Es invariable en número: los *ex libris* e incorrecto escribirlo junto: *exlibris.*

ex malis eligere minima oportet
"entre los males hay que elegir los menores".

ex malitia nemo commodum habere debet
"de la malicia no debe sacarse ventaja"; enuncia una regla que debe tenerse en cuenta al momento de valorar las conductas asumidas por las partes, ya sea en el litigio o en el cumplimiento de un contrato.

ex nihilo nihil fit
"nada puede crearse de la nada"; Aulus Persius Flaccus (Persio): *Sátiras* y Titus Lucretius Carus (Lucrecio): *De Rerum Natura*, I, 155-6.

ex nunc

"desde ahora"; se aplica cuando quiere aludirse a la irretroactividad de una norma. *Vide ex tunc.*

ex officio

"de oficio", "oficialmente"; se emplea en los casos en que el impulso procesal en un litigio se realiza *ex officio* y no se deja librado sólo a las partes. También cuando la designación de un auxiliar de la justicia, *exempli gratia*: un perito es designado *ex officio*, de una lista oficial y no a propuesta de una de las partes.

ex opere operato

"por virtud de la cosa hecha"; dícese de la permanencia y validez de los actos cumplidos por la autoridad pública, pese a los defectos del funcionario.

ex pacto

"conforme al pacto", de acuerdo con lo convenido.

ex pari

"de igual a igual".

experientia docet

"la experiencia enseña"; Ambrosius Macrobius Theodosius (Macrobio): *Saturnalia* (las *Saturnales*), VII, 5.

ex post facto

"posterior al hecho"; aplícase a la garantía constitucional (art. 18) del "juez natural" que prohibe el juez *ex post facto.*

ex professo

"a propósito, con particular intención"; debe escribirse separado: *ex professo*, pero no junto y tampoco precedido de la palabra "de" (*de exprofesso*).

ex qua persona qui lucrum capit, eius factum præstare

"quien obtiene provecho de una persona, también debe responder del hecho de ella"; Domitius Ulpianus (Ulpiano): *Digesto*, 50, 17, 149, aforismo que alude a la relación de dependencia y que se halla receptado por el Código Civil, en su artículo 1113.

ex stipulatu
"de lo convenido, como consecuencia de lo convenido".

extra commercium
"fuera del comercio"; dícese que son *extra commercium* todas las cosas cuya enajenación fuere expresamente prohibida o dependiente de una autorización pública; conf. artículos 2336 *et seq.* del Código Civil.

extra consuetudinem
"contra la costumbre"; *vide consuetudo vitæ.*

extra legem
"fuera de la ley"; *vide intra legem.*

extra muros
"fuera de la ciudad o en lugares no poblados"; da a entender que no existe la seguridad que puede haber en la ciudad. *Vide intra muros.*

extra petitio
"fuera de lo peticionado"; aplícase al caso de la sentencia que se pronuncia sobre cuestiones no planteadas. *Vide citra petitio, infra petitio* y *ultra petitio.*

ex tunc
"desde entonces"; característica de las normas que tienen efecto retroactivo. *Vide ex nunc.*

facio ut des

"hago para que des".

facio ut facias

"hago para que hagas".

factótum

sujeto que desempeña todos los menesteres.

factum

"hecho"; *vide de facto*.

factum infectum fieri nequit

"un hecho no puede considerarse no hecho".

famat volat

"la fama vuela"; expresa la rapidez con que se expresa una noticia. Publio Vergilius Marón (Virgilio): la *Eneida*, III, 121.

fautor delicti

"favorecedor del delito"; se aplica al caso del "encubridor" y este favorecer constituye un delito autónomo. Conf. artículo 277 del Código Penal.

favor filiorum matrimonii

"en favor de los hijos del matrimonio".

favor libertatis

"en favor de la libertad"; aplícase a la interpretación de las normas legales que favorecen la libertad de un detenido.

favor matrimonii
"en favor del matrimonio"; la interpretación de las normas legales *favor matrimonii*, se establecen por tratarse de una institución que determina relaciones paternofiliales con repercusión en la subsistencia de una organización que, cual es la familia, constituye el fundamento de la sociedad.

favor rei
"en favor del reo"; se trata de un principio procesal por el cual, en materia de recursos, el tribunal de alzada se halla facultado para pronunciar, respecto del acusado, una sentencia más favorable o una absolución *favor rei*, aunque aquél hubiera consentido la condena; *verbi gratia*: artículos 433 del Código Procesal Penal de la Nación y 435 del Código Procesal Penal de Buenos Aires.

feci, sed iure feci
"lo hice, pero se hizo conforme al derecho".

felix qui potuit rerum cognoscere causas
"feliz quien pudo conocer las causas de las cosas". Publio Vergilius Marón (Virgilio): las *Geórgicas*, IV, 169.

fiat
"hágase", consentimiento o mandato para que una cosa tenga efecto.

fiat lux
"hágase la luz"; en sentido figurado se invoca como deseo del debido esclarecimiento sobre un hecho dudoso.

ficta confessio
"confesión ficta"; si el absolvente no comparece a la audiencia de posiciones o se rehusa a responder o responde de una manera evasiva, el juez lo tendrá por confeso sobre los hechos personales. Conf. artículo 417 del Código Procesal Civil y Comercial de la Nación.

fictio cessat ubi veritas locum habet

"la ficción cesa cuando aparece la verdad"; dícese del juicio que habiendo sido presentado como verdadero y real, la sentencia lo pone al descubierto como ficticio.

fictus possessor

"poseedor aparente"; la acción de reivindicación puede dirigirse contra el *fictus possessor*, salvo que denuncie el nombre y domicilio del *verus possessor*; conf. artículos 2782 *et seq.* del Código Civil. *Vide verus possessor*.

fictus testis

"testigo falso"; trátase del que afirmare una falsedad o negare o callare la verdad, en todo o en parte; conf. artículo 275 del Código Penal.

finis coronat opus

"el fin corona la obra"; para indicar la relación entre el comienzo y el fin de una cosa.

finito officio, cessant onera officii

"finalizado el servicio, cesan sus deberes".

fiscus non solet satisdare

"el fisco no suele dar caución".

fluctuat nec mergitur

"flota sin hundirse"; aplícase a la persona poseedora de valores, por cuanto éstos, pese a las contrariedades de la vida, guían su comportamiento personal.

formæ dant esse rei

"las formas dan el ser a la cosa".

fortuitus casus est, qui nullo humano consilio prævideri potest

"caso fortuito es el que ningún buen sentido humano puede prever": aforismo receptado por la norma contenida en el artículo 514 del Código Civil. *Vide casus*.

fortunis omnibus exturbatus

"desposeído, alejado de todos sus bienes"; se aplica al quebrado a quien la ley lo desapodera de todos cuanto posee.

forum arresti

jurisdicción interviniente con motivo de una medida cautelar en materia de derecho marítimo.

fraus omnia corrumpit

"el fraude todo lo corrompe"; conf. artículo 961 del Código Civil.

fumus boni iuris

apariencia de buen derecho; la verosimilitud del derecho invocado es uno de los elementos requeridos por las leyes procesales para que el juez pueda decretar medidas cautelares.

furtum usus

"hurto de uso"; se aplica al caso del hurto impropio, que es aquel que comete el propietario al tomar la cosa de quien la tenía legítimamente en su poder.

generandi

la impotencia *generandi* se halla referida a la imposibilidad de procrear y como tal se vincula con la institución matrimonial. *Vide coeundi.*

genus nunquam perit

"el género se considera que no perece"; conf. artículo 607 del Código Civil.

gradus affinitati nulli sunt

"la afinidad no tiene grados"; conf. artículo 363 y la nota del codificador del Código Civil.

gratuitum debet esse commodatum

"el comodato debe ser gratuito"; conf. artículo 2255 del Código Civil.

hábeas corpus

"que tengamos el cuerpo"; derecho de todo detenido a comparecer ante un juez, en el marco de un proceso constitucional, ya por vía de acción, recurso o excepción, el que deberá resolver sobre la legalidad de su detención. Conf. artículos 43 *in fine* de la Constitución Nacional y 20, inciso 1° de la Constitución de la provincia de Buenos Aires.

hábeas data

"que tengamos los datos"; derecho de toda persona, en el marco de un proceso constitucional (art. 43, párr. 3ro., Const. Nac.), a tomar conocimiento personal de los datos a ella referidos y de su finalidad, que consten en registros o bancos de datos públicos, o los privados destinados a proveer informes, y en caso de falsedad o discriminación, para exigir la supresión, rectificación, confidencialidad o actualización de aquéllos.

habemus confitentem reum

"tenemos un acusado que confiesa"; dícese de la acusación con fundamento sólo en aspectos parciales de la confesión del reo. Marcus Tullius Cicero (Cicerón), en la defensa de Q. Ligorio.

heredem eiusdem potestatis iurisque esse cuius fuit defunctus constat

"el heredero tiene las mismas facultades y los mismos derechos que tenía el difunto"; conf. artículos 3279 *et seq.* del Código Civil.

heredem non sequitur

"sin sucesores", no hay herederos que lo sucedan al *de cuius*; conf. artículos 3539, 3545 *et seq.* del Código Civil. Se abrevia *H.N.S.*

hereditas nihil aliud quam successio in universum ius quod defuncti habúere
"la herencia no es otra cosa que la sucesión en la universalidad de derecho que hubiera tenido el difunto"; conf. artículos 3279 *et seq.* del Código Civil.

hereditatis petitio
"acción de petición de herencia"; conf. artículos 3423 *et seq.* del Código Civil.

hereditas pro parte adiri nequit
"la herencia no puede aceptarse en parte"; conf. artículos 3358 *et seq.* del Código Civil.

hic et nunc
"aquí y ahora"; en seguida, ahora mismo.

historia nuntia vetustatis
"la historia es la mensajera del pasado".

hominum existimatio
"opinión pública".

homo homini lupus
"el hombre es un lobo para el hombre"; Titus Maccius Plautus (Plauto): *Asinaria*, II, 4, 88.

homo splendidus
"persona distinguida"; ilustre, insigne. Dícese de los hombres célebres.

honeste vivere, alterum non lædere, suum cuique tribúere
"vivir honestamente, no dañar a otro y dar a cada cual lo suyo".

honoris causa
"por causa de honor"; a título honorífico. *Vide ad honorem.*

ibídem

"allí mismo, en el mismo lugar"; abreviatura: *ibíd.* Se emplea en índices y notas y por ser un vocablo latino integrado al Diccionario de la Lengua lleva acento.

ídem

"lo mismo, el mismo"; abreviatura: *íd.* Se usa para evitar repeticiones y por ser *ídem* un vocablo latino integrado al Diccionario de la Lengua lleva acento.

id quod dicitur, fit motu conditus

"lo que se dice es realzado por el gesto"; empléase para destacar que el gesto, por ser la expresión del rostro o de las manos ("lenguaje gestual"), puede expresar, como acompañamiento, diversos estados de ánimo que realzan una conversación o comunicación personal.

id quod interest vel quanti non solum ex damno dato constat, sed etiam ex lucro cessante

"los daños y perjuicios que interesan comprenden no solo el daño causado sino también el lucro cesante"; conf. artículo 519 del Código Civil.

id est

"esto es".

ignobilis

"desconocido, ignoto"; se aplica a la persona que no goza de fama o reputación.

ignorantia facti

"ignorancia de hecho".

ignorantia facti, non iuris excusatur

la ignorancia de hecho es excusable, no así la del derecho; conf. artículo 923 y nota del codificador al artículo 929 del Código Civil. *Vide ignorantia iuris non excusat.*

ignorantia iuris

"ignorancia del derecho".

ignorantia iuris non excusat

"la ignorancia del derecho no es excusable"; conf. artículo 923 y nota del codificador al artículo 929 del Código Civil. *Vide ignorantia facti, non iuris excusatur.*

ignotus

"ignorante", dícese del que tiene falta de conocimiento acerca de un tema o asunto determinado.

illaboratus

"que no ha sido trabajado"; se aplica a la cosa conseguida sin esfuerzo, fácilmente adquirida, sin trabajo.

illatio

acción de haber puesto la cosa sustraída en lugar seguro, que se tomaba en cuenta para distinguir uno de los momentos de consumación del delito de hurto. *Vide ablatio, contrectatio* y *amotio.*

imperium

"autoridad"; la sentencia, a diferencia del laudo arbitral tiene su atributo de autoridad, el *imperium* porque la *res iudicata* (*vide*) es una forma de autoridad.

impossibilis condicio habetur cui natura impedimento est, quominus existat

"hay una condición imposible cuando la naturaleza impide que ella se cumpla"; conf. artículo 530 del Código Civil y la nota del codificador. *Vide condicio* y *ad imposibilia nemo tenetur.*

improba verba

"palabra detestable, abominable"; las *improba verba* son las que hacen sentir aversión o repugnancia respecto del sujeto que las pronuncia, de forma tal que el impulso natural sea alejarse o desear que desaparezca.

improbum facta suspicio insequitur

"la sospecha acompaña siempre a las acciones de los malvados".

improbus litigator

"litigante temerario"; el *improbus litigator* es aquel que demanda o se excepciona a sabiendas de su falta de razón o sin motivo valedero. Conf. artículo 45 del Código Procesal Civil y Comercial de la Nación.

in absentia

"en ausencia"; se aplica, también a los casos de situaciones en rebeldía.

in abstracto

"en lo abstracto"; dícese de los principios que establecidos *in abstracto* no se comprueban luego en la realidad.

in actus

"en acto".

in albis

"en blanco"; sin comprender lo que se oye. Se usa con los verbos "dejar" o "quedar".

in ambiguo

"en ambigüedad"; confuso. Se refiere a aquello que queda en lo incierto.

in anima vili

"en ánima vil"; los experimentos o ensayos en medicina, que se realizan previamente en animales irracionales.

in apicibus iuris

"en las sutilezas del derecho".

in artículo mortis

"en la hora de la muerte"; *verbi gratia* matrimonio *in artículo mortis*. Decir en *artículo mortis* es incorrecto.

inauditus

"inaudito", que no tiene precedentes; *verbi gratia* cuando una sentencia de alzada se aparta de la jurisprudencia estabilizada, se la califica como de *inauditus*.

in bonam partem

"en el buen sentido"; *Vide in malam partem* e *in nullam partem*.

incivile est, nisi tota lege perspecta, una aliqua particula eius proposita iudicare vel respondére

"es injusto, sin haber examinado toda la ley, juzgar sólo sobre la base de una disposición para pretender interpretarla integralmente"; el aforismo señala la validez de la interpretación hermenéutica de la ley.

in claris cessat interpretatio

"ante la claridad cesa la interpretación"; cuando el texto de la norma es claro, no hay necesidad de interpretación.

incontinenti

"prontamente", inmediatamente, al instante; se usa también como palabra inicial o intercalada en el texto de una declaración testimonial, para indicar que el testigo depone al instante, sin titubeos. *Verbi gratia*: "...incontinenti dijo: ...". Se escribe junto, no separado y no confundir con incontinente.

in contractibus rei veritas potius quam scriptura perspici debet

"en los contratos se debe examinar con cuidado cuál es la verdad de la cosa, más que a lo escrito"; se trata de una pauta fundamental para la interpretación contractual. Conf. artículo 1198 del Código Civil.

in conventionibus contrahentium voluntatem potius quam verba spectari placuit

"se ha establecido que en las convenciones se observe mejor la voluntad de los contratantes que a las palabras", Æmilius Papinianus (Papiano): *Digesto*, 50, 16, 219; aforismo receptado por el Código Civil (art. 1198) y que trata de una pauta fundamental para la interpretación contractual. *Vide in contractibus rei veritas potius quam scriptura perspici debet.*

incorruptum iudicium

"juicio imparcial".

incorruptus testis

"testigo incorruptible"; se aplica para calificar al testigo que depone con veracidad.

in crescendo

"en aumento", en desarrollo.

indestrictus

"ileso, intacto".

index

"índice", catálogo.

indicium

"indicio"; dícese del signo aparente que hace posible la existencia de una cosa.

indicta causa

"sin formación de causa"; dícese de los imputados *indicta causa* por haberse resuelto el sobreseimiento en la causa sin procesado alguno. Conf. artículos 334 *et seq.* del Código Procesal Penal de la Nación.

indidem

"del mismo lugar, de allí mismo"; se aplica para indicar que es procedente de la misma cosa.

in diem émere
"comprar a plazo fijo".

in dies
"día por día".

in dubiis, ábstine
"en la duda, abstente"; es un aforismo que se aplica para evitar, en materia jurídica, que se emitan juicios sin el debido y fundado convencimiento.

in dubio
"en la duda"; aplícase a aquello que queda en la incertidumbre. *Vide in dubio pro libertate* e *in dubio pro reo*.

in dubio magis contra fiscum est respondendum
"en caso de duda deberá decidirse en contra del fisco". Modestino: *Digesto*, 49, 14, 10. Expresa una protección a la parte más débil de la relación, aun cuando en la práctica de la Administración el aforismo no tiene una correcta aplicación.

in dubio pro libertate
"en la duda a favor de la libertad"; conf. artículo 3° del Pacto de San José de Costa Rica.

in dubio pro possessore
"en la duda a favor del poseedor"; respecto de la propiedad de una cosa, la existencia de duda es a favor de quien se encuentra poseyendo; conf. artículos 2357, 2362 *et seq.* del Código Civil.

in dubio pro reo
"en la duda a favor del reo"; principio de derecho constitucional por el cual el juez para condenar debe hallar en su fallo un estado de certeza afirmativa que, alejándolo de toda duda, destruya el estado de inocencia del reo; conf. artículo 1° del Código Procesal Penal de la Nación.

in dubio semper id, quod minus est debetur
"en caso de duda siempre es debido lo que es menos".

in extenso
"en toda su extensión"; completamente, íntegro en lo que se refiere a un texto. Se escribe separado, no *inextenso*.

in extremis
"en el último momento", en las últimas, en trance de muerte. Tiene aplicación al caso del que se halla en los últimos instantes de la existencia, *verbi gratia*: el testamento realizado *in extremis*.

infans conceptus pro nato habetur quotiens de commodis eius agitur
"el feto concebido tiene trascendencia jurídica en tanto nazca con vida"; conf. artículo 70 del Código Civil y la nota del codificador. *Vide nasciturus* y *natus*.

in fine
"al final"; se emplea para indicar que la referencia a un texto está al final de un párrafo o de una página, *verbi gratia:* artículo 1113 *in fine* del Código Civil.

in forma pauperis
"formalmente pobre", "informal"; aplícase al caso de los recursos *in forma pauperis* que por carecer de patrocinio letrado son dirigidos al tribunal y que éste, por tal motivo, tiende a morigerar la exigencia del requisito de su debida fundamentación.

in fraganti
"en el mismo momento", "en el instante", "con las manos en la masa"; sorprendido en el mismo momento que se está cometiendo el delito: "fulano fue sorprendido *in fraganti*". También se admite, por su incorporación al castellano: infraganti.

infra petitio

"por debajo de la petición"; expresión usada en el derecho procesal para significar que el tribunal ha concedido menos de lo pedido por el accionante. *Vide citra petitio, extra petitio* y *ultra petitio.*

in fraudem legis

"en fraude de la ley"; dícese de aquellas acciones o conductas que se despliegan *in fraudem legis.* Conf. artículo 14 de la Ley de Contrato de Trabajo.

in his quæ contra rationem iuris constituta sunt, no possumus sequi regulam iuris

"en lo que fue establecido contra la razón del derecho, no podemos seguir la reglas del derecho".

in hoc signo vinces

"por este signo vencerás".

in illo témpore

"en aquel tiempo"; alude a algo ocurrido hace mucho tiempo, o en otros tiempos.

inimicus

"no amigo, adversario"; dícese del contradictor en un proceso judicial.

in itinere

"en el camino"; vocablo que tiene aplicación en los accidentes de trabajo indemnizables por haber sido producidos *in itinere,* es decir en el camino entre el domicilio y el trabajo y viceversa.

in iudicando

"de derecho"; dícese de los errores *in iudicando* (de juzgamiento) que motivan el recurso de casación. *Vide in procedendo.*

iniuria

"injusticia, afrenta, injuria, deshonor"; *vide iniustitia.*

iniuste facere
"cometer una acción injusta"; *vide bene facere.*

iniustitia
"injusticia"; *vide iniuria.*

in legibus salus
"la salvación está en la ley", librarse de riesgo o de peligro mediante el cumplimiento de la ley; de la divisa del escudo de la Suprema Corte de Justicia (Tribunal de Casación) de Buenos Aires.

in limine
"de entrada, desde el comienzo".

in limine litis
"desde el comienzo del juicio", en los umbrales del proceso; en materia procesal es la facultad judicial, ejercida en la etapa de la admisibilidad, para rechazar peticiones por ausencia de recaudos formales.

in lucem suscipi
"salir a la luz", "venir al mundo"; tiene un doble uso: respecto de la verdad que se exterioriza *in lucem suscipi* y en el caso del nacimiento de una persona.

in malam partem
"en el mal sentido"; *vide in bonam partem* e *in nullam partem.*

in medio esse
"estar a disposición de todos"; se aplica al Poder Judicial y por ende a los jueces que deben hallarse *in medio esse.*

in medio stat virtus
"la virtud está en el medio"; y alejada de los extremos.

in memoriam
"para recuerdo".

innocentia

"no culpabilidad, sin malicia"; se relaciona con el *status innocentis* principio de derecho constitucional, por el cual el juez para condenar debe hallar en su sentencia un estado de certeza afirmativa que, alejándolo de toda duda, destruya el estado de inocencia del procesado; conf. artículo 1° del Código Procesal Penal de la Nación. *Vide nocentia* y *status innocentis*.

innocuus

"inofensivo, inocuo"; que ha quedado intacto, que no hace daño, que ha resultado ileso.

in nullam partem

"en ningún sentido"; *Vide in bonam partem* e *in malam partem*.

innupta

"no casada, soltera", célibe.

in obscuris inspici solet quod verosimilius est, aut quod plerumque fieri solet

"en los casos oscuros suele tenerse en cuenta lo que es más verosímil o lo que suele hacerse ordinariamente"; se usa como pauta para la interpretación contractual.

inobsequens

"desobediente, rebelde"; aplícase al que se halla en estado de rebeldía en un proceso judicial.

in officio esse

"ser fiel a su deber".

in pari causa, melior est causa possidentis

"en paridad de causas, es preferido quien posee".

in péctore

"en el pecho"; dícese de las resoluciones tomadas pero aún no dadas a conocer.

in poenalibus causis benignius interpretandum est

"en las causas penales se impone la interpretación más benigna"; conf. artículo 2º del Código Procesal Penal de la Nación.

in præsenti

"en el tiempo presente".

in procedendo

"de procedimiento"; dícese de los errores de actividad: *in procedendo* que motivan el recurso de casación. *Vide in iudicando.*

in promptu

"de improviso, de pronto"; de manera repentina o impensada. No confundir con "impromptu": composición musical que improvisa el ejecutante.

in púribus

"en cueros"; desnudo.

inquisitio

"averiguación, investigación, información, en la búsqueda de pruebas"; se usa en la caracterización de un expediente judicial, en la etapa de la instrucción del sumario.

inquisitor

"inquisidor, investigador, encargado de una información judicial"; se dice del instructor o director del procedimiento y también respecto del juez de instrucción o del agente fiscal intervinientes en una causa judicial.

in reatu

"en calidad de reo".

in rerum natura

"en la naturaleza de las cosas"; dícese de las hipótesis que deben comprobarse *in rerum natura.*

in sæcula sæculorum

"por los siglos de los siglos"; empléase figurativamente para señalar la gran duración de una cosa.

insanabilis

"incurable, que no tiene remedio".

inscitia

"incapacidad, torpeza, inexperiencia"; aplícase a los imputados o demandados por mala praxis profesional.

in situ

"en su lugar, en su sitio"; dícese del caso de las inspecciones oculares que se realizan *in situ* y *verbi gratia* en materia procesal penal, cuando el juez realiza reconstrucciones del delito o de los hechos acaecidos. *Vide de visu.*

in sólidum

"en total, por entero, por el todo"; expresa la facultad u obligación que, siendo común a dos o más personas, puede ejercerse o debe cumplirse por entero por cada una de ellas.

in stirpe

"por estirpe"; de aplicación en el derecho sucesorio.

in témpore

"en tiempo oportuno"; dícese de lo que se hace o sucede en el momento conveniente. *Vide suo témpore.*

in terminis

"en los términos"; dícese del sentido en que fueron concebidas las palabras de un texto. *Vide contradictio in terminis.*

inter nos

"entre nosotros"; se usa familiarmente en frases como: Acá *inter nos* te diré lo que en realidad ha sucedido.

inter partes
"entre las partes".

interpósita persona
"persona interpuesta", "testaferro"; aplícase al caso del que, aparentando obrar por cuenta propia, interviene en un acto jurídico por encargo y en provecho de otro.

interregnum
"interregno"; se designa al espacio de tiempo en que un Estado no tiene soberano. En los estados parlamentarios es el intervalo desde que se interrumpen hasta que se reanudan las sesiones de las Cortes.

interrumpére
"interrumpir"; la interrupción se produce cuando se corta la continuidad de una cosa en el lugar y en el tiempo. Jurídicamente tiene importancia en materia de prescripción adquisitiva y liberatoria, porque no corre el tiempo anterior a la fecha del hecho interruptor.

inter vivos
"entre vivientes"; *vide mortis causæ.*

intimus consiliis eorum
"confidente de sus secretos"; tiene aplicación al amigo íntimo, aquel al que se le fía los secretos.

intra legem
"dentro de los límites de la ley"; *vide extra legem.*

intra muros
"dentro de la ciudad o en lugares poblados"; da a entender que existe la seguridad que puede haber en la ciudad. *Vide extra muros.*

in totum
"en su totalidad, por entero".

intra vires hereditatis
"en el interior de las fuerzas de la herencia"; tal es el caso de la aceptación con beneficio de inventario. *Vide ultra vires hereditatis.*

introitus
"entrada" o "principio" de un escrito o de una oración.

intuitu pecuniæ
"por la calidad del capital aportado"; sin consideración a las personas o calidades de éstas; *vide intuitu personæ.*

intuitu personæ
"por la calidad de la persona"; tiene aplicación en materia contractual a los casos en que la celebración se realiza teniendo en cuenta la calidad, profesión, oficio o arte especial del otro contratante. *Vide intuitu pecuniæ.*

in utroque iure
"en uno y otro derecho"; se usa para expresar que alguien es graduado en ambos derechos, civil y canónico. También puede decirse solamente: *in utroque* ("en uno y otro").

inveterata consuetudo, pro lege non immerito custoditur
"la costumbre inveterada, no injusta, se guarda como ley"; *vide diuturna consuetudo pro iure et lege in his, quare non excripto descendat, observari solet.*

in vino veritas
"la verdad en el vino"; el hombre es expansivo cuando ha bebido.

invito domino
"provocado por el dueño"; dícese de las situaciones *invito domino* en que se encuentra el ladrón para apoderarse de una cosa y que se traduce en la frase acuñada: "la ocasión hace al ladrón".

in vitro
"en el vidrio"; experimento *in vitro. Vide in vivo.*

in vivo

"en vivo"; en el organismo. Se dice de los experimentos realizados *in vivo. Vide in vitro.*

in voce

"de viva voz"; aplícase a los alegatos o informes verbales.

ipso facto

"por el hecho mismo", en el acto. Se refiere a la modificación jurídica que se opera por acaecer un hecho dado, sin que sea necesario hacerla declarar por la justicia; *exempli gratia*: la resolución de un contrato de compraventa por falta de pago del precio, que por tal motivo se opera *ipso facto*. No debe anteponerse la palabra "de" *ipso facto*. Por extensión se usa como inmediatamente. *Vide ipso iure.*

ipso iure

"por el mismo derecho"; tiene aplicación en aquellos casos en los cuales, sin necesidad de declaración judicial, se produce una modificación *ipso iure,* ya que surge de la misma ley, *exempli gratia*: emancipación del menor por el matrimonio, etcétera. No debe anteponerse la palabra de *ipso iure. Vide ipso facto.*

ista sententiam!

"¡esa extravagante opinión!"; aplícase al caso de las sentencias teñidas por la arbitrariedad, por que son dictadas fuera del orden o común modo de obrar. *Vide auctoritate sua.*

ita est

"así es".

ítem

"además"; abreviatura: *it.*

iter

"camino, vía, ruta"; empléase el *"iter* lógico" para significar que hay pasos previos que cumplir, *verbi gratia*: que la sentencia debe seguir un *iter* lógico respecto de puntos de hecho y de derecho, de modo tal que no puede pasar a tratarse de uno de ellos mientras no haya sido resuelto el anterior.

iter criminis

"camino del crimen"; alude a la trayectoria de consumación del delito.

iudex a quo

el juez o tribunal contra cuya sentencia se ha interpuesto un recurso. *Vide a quo* y *ad quem*.

iudex secundum allegata et probata a partibus iudicare debet

"el juez debe juzgar según lo alegado y probado por las partes"; conf. artículo 163, inciso 6° del Código Procesal Civil y Comercial de la Nación.

iudicare incognita re

"juzgar sin conocimiento de causa"; dícese de los jueces que, mediante prejuzgamiento, juzgan con precipitación, sin conocimiento suficiente o con ideas preconcebidas.

iudicium improbum

"juicio ímprobo"; se aplica al proceso judicial que carece de buena fe y lealtad procesal por el obrar de las partes o de alguna de ellas.

iudicium vinco

"vencedor en juicio"; se emplea en los casos de salir victorioso de un proceso, ganar un pleito.

iura novit curia

"el juez conoce el derecho"; aforismo que significa que, sin perjuicio de las normas jurídicas citadas por las partes en apoyo de sus pretensiones, el juez aplica la ley correspondiente. *Vide da mihi factum, dabo tibis ius* y *ex facto oritur ius*.

iure gestionis

"derecho de administrar"; aplícase al ejercicio de la administración estatal.

iure hereditatis
"por derecho hereditario"; aplícase al caso del ejercicio de la acción *iure hereditatis. Vide iure proprio.*

iure imperii
"derecho de mandar con autoridad"; aplícase al ejercicio de la autoridad estatal.

iurisdictio
"jurisdicción".

iuris et de iure
calificativo de las presunciones que no admiten prueba en contrario; *vide præsumptio iuris tantum* y *præsumptio iuris et de iure.*

iuris exsecutio non habet iniuriam
"del cumplimiento del derecho no puede haber injusticia"; Domitius Ulpianus (Ulpiano): *Digesto*, 47, 10, 13, 1; aforismo recibido por el Código Civil en el artículo 1071. *Vide neminem lædit qui suo iure utitur.*

iuris tantum
calificativo de las presunciones que sí admiten prueba en contrario; *vide præsumptio iuris tantum* y *præsumptio iuris et de iure.*

ius ad rem
"derecho a la cosa"; a la obtención de ella.

ius dicere
"administrar justicia".

ius est ars boni et æqui
"el derecho es el arte de lo bueno y de lo equitativo".

ius et utile, unum atque ídem
"derecho y utilidad son lo mismo"; el valor utilidad integra el mundo jurídico, porque un derecho "inútil" resulta un derecho injusto. El juez debe evitar interpretar la ley de modo que ponga en pugna las disposicio-

nes de un mismo cuerpo normativo, privando así de sentido a las reglas legales y tal interpretación, que realiza una exégesis inoperante del derecho mediante una hermenéutica no idónea, es arbitraria.

ius gentium
"derecho de gentes".

ius in re
"derecho sobre la cosa"; caso del propietario.

ius novarum
"derecho nuevo"; en la recursística se entiende que el sistema de la doble instancia no importa establecer un *ius novarum*, esto es la interposición de nuevas pretensiones jurídicas mediante un recurso, sino impugnar ante una instancia superior la sentencia y siempre sobre la base de sus declaraciones. *Vide novum iudicium.*

ius privatum
"derecho privado".

ius publicum
"derecho público".

ius sanguinis
"derecho de la sangre"; aplícase a las personas cuyos derechos se rigen por la patria familiar de origen. Se trata de una legislación adoptada, generalmente, por los países europeos, que por lo tanto han sido de emigración. *Vide ius soli.*

ius soli
"derecho del suelo"; se aplica a la persona los derechos del país en que ha nacido. Se trata de una legislación adoptada por los países de inmigración, por ejemplo, la Argentina. *Vide ius sanguinis.*

iustæ nuptiæ
"legítimas nupcias", matrimonio legítimo.

iustitia est constans est perpetua voluntas ius suum cuique tribuendi

"la justicia es la constante y perpetua voluntad de dar a cada uno su derecho".

ius utendi, fruendi et abutendi

"derecho de usar, percibir los frutos y de disponer"; se refiere a los derechos del propietario de una cosa.

labor omnia vincit improbus

"un trabajo ímprobo todo lo vence"; Publio Vergilius Marón (Virgilio): las *Geórgicas*, I, 144-145.

lapsus

(1ª) "error"; (2ª) "descarrío", que significa apartarse de lo razonable o de su deber, *verbi gratia*: "haber tenido un *lapsus*".

lapsus cálami

"error de la pluma"; es decir cometido al escribir.

lapsus linguæ

"error de lengua"; error cometido al hablar.

lata culpa est nimia negligentia, id est non intelligere quod omnes intelligunt

"la culpa grave es excesiva negligencia, esto es no comprender lo que todos comprenden"; Domitius Ulpianus (Ulpiano): *Digesto*, 50, 16, 213; se entiende que la culpa grave o "lata" es el descuido o desprecio absoluto de las precauciones más elementales, para evitar un mal o un daño. Conf. artículo 512 y la nota del Código Civil.

lata culpa plane dolo comparabitur

"la culpa grave es ciertamente comparable con el dolo"; Domitius Ulpianus (Ulpiano): *Digesto*, 11, 6, 1, 1. Conf. artículo 512 y la nota del Código Civil.

lato sensu

"en sentido amplio"; se aplica a las interpretaciones en cuanto resultan ser explicaciones o declaraciones del sentido de una cosa. *Vide contrario sensu* y *stricto sensu*.

laus Deo

"gloria a Dios".

legem servare

"observar las leyes".

leges posteriores ad priores pertinent, nisi contrariæ sint

"las leyes posteriores integran las anteriores, si no se le oponen"; Paulo: *Digesto*, 1, 3, 28, regla ésta que fuera receptada por el Código Civil en el originario artículo 17.

leges posteriores priores contraria abrogant

"las leyes posteriores derogan las anteriores, si son contrarias".

legitimatio ad causam

"legitimación para accionar"; aplícase al caso del ejercicio de la acción por el titular del derecho, la llamada legitimación activa.

legitimatio ad processum

"legitimación para estar en juicio".

lex

"ley"; el plural es: *leges*.

lex artis

"ley del arte"; en materia penal la violación de la *lex artis* es la transgresión negligente de las precauciones habituales de la actividad o profesión correspondiente.

lex fori

aplicación de la ley del tribunal en el asunto sometido a su jurisdicción.

lex generalis

"ley general", norma aplicable a la generalidad con efecto *erga omnes*; por oposición a la *lex singularis* que es la sentencia. *Vide lex singularis.*

lex loci

"ley del lugar"; cuando se aplica la ley del lugar.

lex loci celebrationis

"ley del lugar de la celebración"; aplicación de la ley del lugar de celebración del acto jurídico.

lex loci contractus

"ley del lugar del contrato"; aplicación de la ley del lugar en que se ha contratado.

lex loci executionis

"ley del lugar de ejecución"; cuando para un acto jurídico se aplica la ley del lugar en el que aquél debe ser ejecutado.

lex posterior generalis non derogat priori speciali

"la ley general posterior no deroga la anterior especial".

lex rei sitæ

"ley del lugar de la cosa"; debe aplicarse la ley del lugar en que se encuentra la cosa litigiosa.

lex singularis

"ley singular", por oposición a *lex generalis* y se trata de una norma aplicable a un solo caso en virtud de haber mediado una sentencia, la que carece del efecto *erga omnes*. *Vide lex generalis.*

lex statuit de eo quod plerumque fit

"en la ley se establece lo que suele ocurrir generalmente".

libertas est naturalis facultas eius quod cuique facere libet, nisi si quid vi aut iure prohibetur

"la libertad es la facultad natural de hacer lo que plazca, excepto que la prohiba la fuerza o el derecho".

licet vim vi repellere

"está permitido repeler la fuerza con la fuerza"; conf. artículo 2470 del Código Civil.

litis contestatio

"litiscontestación"; traba de la litis, que se aplica a la situación procesal creada cuando el demandado ha contestado la demanda, quedando trabado así el juicio sobre las cuestiones de los hechos y el derecho que se habrán de debatir.

littera occidit, spiritus vivificat

"la letra mata, el espíritu vivifica"

loca communia

"lugares públicos".

loco citato

"en el lugar citado"; abreviatura: *loc. cit.*

locus communis

"lugar común".

locus delicti commissi
"lugar de comisión del delito"; tiene la importancia de fijar la competencia, en razón del territorio, del juez del lugar.

locus regit actum
"el lugar de celebración rige el acto"; los actos jurídicos se hallan regidos por la ley del lugar en que fueron celebrados; conf. artículos 12, 950 y 1180 del Código Civil.

longo silentio res habetur pro derelicto
"por el prolongado silencio la cosa se tiene por abandonada"; conf. artículo 2607 del Código Civil.

lucrum cessans
"lucro cesante".

magister dixit
"el maestro lo ha dicho"; dícese de un argumento que no admite réplica.

magna difficultas impossibilati æquiparatur
"una gran dificultad equivale a la imposibilidad"; *vide impossibilis condicio habetur cui natura impedimento est, quominus existat* y *ad imposibilia nemo tenetur.*

magna verba
"frases pomposas".

mandatum solvitur morte
"el mandato se disuelve por la muerte", tanto del mandante como del mandatario; conf. artículos 1963, inciso 3º, y 1980 del Código Civil.

mandatum speciale derogat generali

"el mandato especial deroga el general"; conf. artículo 1975 del Código Civil.

manu militari

"con mano militar"; por la fuerza de las armas o de la fuerza pública.

mare mágnum

"multitud confusa de cosas"; su plural es invariable: los *mare mágnum*.

mater in iure, semper certa est

"jurídicamente, la madre siempre es cierta"; afírmase que "madre hay sólo una".

máximum

"máximo", "lo más grande"; dícese del límite o extremo a que puede llegar una cosa, el máximo

mendacem memorem esse oportet

"el mentiroso debe tener buena memoria".

mens sana in corpore sano

"mente sana en cuerpo sano".

meo quidem animo

"por lo menos en opinión mía"; se usa en ocasión de manifestar una opinión puramente personal.

metu publicæ potestatis

"temor suscitado por la autoridad"; dícese del medio empleado por el mal funcionario público para obtener de los particulares exacciones indebidas. Mediante el uso del *metu publicæ potestatis* se configura el delito de concusión; conf. artículos 266 *et seq.* del Código Penal.

minima de malis

"de los males, los menores".

minime sunt mutanda, quæ interpretationem certam semper habuerunt

"en aquello que siempre tuvo una interpretación cierta, debe cambiarse lo menos posible".

mínimum

"mínimo"; dícese del límite inferior o extremo a que se puede reducir una cosa.

ministerio legis

"por ministerio de la ley"; por mandarlo así la ley.

minor petitio

"menor petición"; aplícase a la demanda inferior a lo pertinente. *Vide plus petitio.*

minus dictum quod cogitatum

"dijo menos que lo que pensó"; se aplica a quienes no dicen todo lo que tendrían que haber expresado. *Vide plus dictum quam cogitatum.*

mirabile dictu

"cosa admirable de decir".

mirabile visu

"cosa admirable de ver".

mixti fori

"mistifori"; dícese de las cosas o hechos cuya naturaleza no se puede deslindar con suficiente claridad. Son las llamadas zonas grises. También se aplica, familiarmente, a todo embrollo o mezcla de cosas heterogéneas.

modus operandi

"modo de actuar, o de hacer".

modus vivendi

"modo de vivir"; norma de conducta.

mora accipiendi

"mora del acreedor"; *vide mora solvendi.*

mora est iniusta dilatio in adimplenda obligatione
"la mora es el injustificado retraso en el cumplimiento de la obligación";
conf. artículo 508 del Código Civil.

mora solvendi
"mora del deudor"; *vide mora accipiendi.*

mores
"costumbres"; aplícase al proceder o conducta de un individuo o grupo.

mortis causæ
"por causa de muerte"; se usa respecto de la transmisión de los derechos.

motu proprio
"por propia iniciativa"; dícese del acto que nace de la voluntad. Es incorrecto escribir *propio* o anteponerle *de.*

multa paucis
"mucho en pocas palabras", concisión; dícese del arte de escribir brevemente.

multa pro æquitate contra ius dicere
"defender prolijamente la equidad contra el derecho estricto"; *vide æquitas præfertur rigori.*

mutatis mutandis
"cambiando lo que se deba cambiar".

nasciturus
"que ha de nacer"; aplícase a la persona por nacer. *Vide natus.*

naturalia negotii

elementos que de modo natural acompañan al negocio jurídico; *verbi gratia*: la garantía de evicción.

natus

"nacido"; persona ya nacida. *Vide nasciturus.*

necessitas defensionis

"necesaria defensa"; el derecho de defensa en juicio (art. 18 de la Const. Nac.) es un derecho paralelo al del actor que pide justicia reclamando algo contra el demandado, ya que éste también pide justicia mediante la *necessitas defensionis* solicitando el rechazo de la demanda.

nec ulla deformior species est civitatis

"no hay forma alguna de gobierno peor".

nedum

"con mayor motivo".

nefandus

"criminal", "abominable"; aplícase a todo acto cometido por un nefandario.

nefarius

"criminal", nefandario; aplicado respecto del que ha cometido o procurado cometer un delito.

neminem lædit qui suo iure utitur

"nadie hace daño por ejercer su derecho"; conf. artículo 1071, párrafo 1ro. del Código Civil. *Vide iuris exsecutio non habet iniuriam.*

nemo auditur propriam turpitudinem allegans

"no puede ser escuchado quien alega su propia torpeza"; no debe escribirse *propiam.*

nemo censetur ignorare legem

"la ignorancia de la ley no exime de su cumplimiento".

nemo contra se sponte agere censetur
"nadie actúa espontáneamente contra sí mismo".

nemo dat quod non habet
"nadie puede dar lo que no tiene".

nemo debet lucrari ex alieno damno
"nadie debe lucrar del daño ajeno".

nemo esse iudex in sua causa potest
"nadie puede ser juez de su propia causa"; alude a la persona del juez
como tercero imparcial.

nemo inauditus condemnetur
"nadie puede ser condenado sin ser escuchado"; conf. artículo 18 de la
Constitución Nacional.

nemo iudex sine actore
"no hay juez sin haber actor"; significa que debe haber un justiciable
para que exista la justicia; *stricto sensu* se halla referido a la ausencia de
acusación que trae como consecuencia la inadmisibilidad del proceso
decisorio.

nemo ius publicum remittere debet
"nadie debe renunciar al orden público"; conf. artículo 21 del Código Civil. *Vide privatorium conventio iuri publico non derogat.*

nemo perágere potest sine titulo
"nadie puede ejecutar sin título".

nemo plus iuris ad alium transferre potest quam ipse habet
"nadie puede transferir a otro más derechos de los que él mismo tiene".

nemo potest coegi ad factum
"nadie puede ser compelido a hacer algo"; conf. artículo 629 y la nota del
Código Civil.

nemo propria manu sibi debitorem adscribit

"nadie puede por propia mano atribuirse un deudor"; establece la prohibición de procurarse un medio de prueba unilateralmente, aunque tratándose de actos de comercio, el Código respectivo se aparta y le confiere a los comerciantes inscriptos el privilegio de que sus libros merezcan fe, sirviendo como justificación de los contratos comerciales y la posibilidad de que, regularmente llevados, hagan prueba en su favor.

nemo repente fit sapiens

"nadie se hace sabio repentinamente".

nemo tenetur prodere se ipsum

"nadie está obligado a acusarse a sí mismo"; conf. artículo 18 de la Constitución Nacional.

nequáquam

"no, de ningún modo, de ninguna manera"; empléase para afirmar un no rotundo.

ne quid nimis

"nada con demasía"; y se usa aconsejando sobriedad y moderación en todo.

ne varietur

"para que no cambie nada"; aplícase a quienes, en realidad y pese a sus promesas, no quieren cambiar nada de lo establecido.

nexus

"nexo, unión"; un grupo de ideas o imágenes sugeridas por un solo estímulo.

nihil ad rem

"nada a la cosa"; empléase para hacer referencia a algo que no tiene "nada que ver" con el asunto en cuestión.

nihil novum sub sole

"nada hay nuevo bajo el sol".

nihil obstat
"no hay objeción", "nada obsta".

nihil penitus tam in administratione positis, quam post depositum officium, pro aliquo præstito beneficio témpore administrationis, accepturos
"no recibir absolutamente nada, tanto durante la administración del cargo como después de dejarlo, por algún beneficio prestado cuando se ejercía". De la fórmula del juramento de la ley 6, C. *ad legem Iuliam repetundam.*

nihil sibi conscire
"tener la conciencia completamente tranquila".

nil desperandum
"nunca desesperar"; Quintus Horatius Flaccus (Horacio): *Odas*, I, VII, 27.

nocentia
"culpabilidad, malicia"; *vide innocentia.*

nomen iuris
"nombre, denominación jurídica".

nominatim
"nominal, personalmente".

non ædificandi
se trata de la servidumbre denominada de *non ædificandi*, que consiste en la obligación de no construir en un fundo, a favor de otro, que así conserva vistas y luces mayores.

non altius tollendi
la servidumbre llamada de *non altius tollendi*, es la que impone la obligación de no edificar más allá de cierta altura.

non audita altera pars

"sin oír a la otra parte"; se aplica para decidir, en materia procesal, las llamadas medidas cautelares o precautorias. *Vide audi alteram partem* y *audiatur altera pars.*

non bis in ídem

"no dos veces por una misma cosa"; principio de derecho constitucional por el cual se prohíbe la doble persecución a un mismo sujeto, por idénticos hechos que han sido objeto de anterior actividad procesal, y que concluyera en una resolución final, ya condenatoria o absolutoria.

non concedit venire contra factum proprium

enuncia la llamada "doctrina de los actos propios", por la que no se puede contradecir en juicio los propios actos anteriores, deliberados, jurídicamente relevantes y plenamente eficaces. La parte no puede colocarse en contradicción con su comportamiento jurídico anterior. No debe escribirse *propium. Vide proprium factum nemo impugnare potest.*

non debet ei cui plus licet, quod minus est non licere

"se debe permitir hacer lo menos, a quien puede hacer lo más"; Domitius Ulpianus (Ulpiano): *Digesto*, 50, 17, 21; aforismo que se traduce en "el que puede lo más, puede lo menos".

non debeo melioris condicionis esse, quam actor meus, a quo ius in me transit

"no debo hallarme en mejores condiciones que aquel de quien el derecho pasó a mi"; Paulo: *Digesto*, 50, 17, 21, conf. artículo 3262 del Código Civil.

non dubium est, in legem committere eum, qui verba legis amplexus contra legis nititur voluntatem

"no hay dudas que procede contra la ley quien ateniéndose a su letra, procura forzar su espíritu".

non est magnum damnum in mora modici temporis

"no hay gran perjuicio en la demora de poco tiempo".

---

non facit fraudem qui facit quod debet
"no hace fraude quien hace lo que debe"; conf. artículo 1071 del Código
Civil.

non grata
"no bienvenida"; aplícase a la persona que, por motivos concretos, no es
aceptada en una comunidad, declarándosela persona *non grata*.

non multa sed multum
"no muchas cosas, sino mucho".

non numero haec iudicantur, sed pondere
"las cosas deben ser apreciadas no por la cantidad, sino por la calidad".

non omne licitum honestum est
"no todo lo permitido es honesto"; significa que no todo lo que se permite por no hallarse prohibido, tiene que resultar razonable o justo.

non plus ultra
"no más allá"; se usa para ponderar las cosas hasta el límite.

non sancta
"no santa"; suele aplicarse al supuesto de la gente de mal vivir: gente *non
sancta*.

non sequitur
"no sigue"; trátase de una conclusión inconsecuente.

non solent quæ abundant vitiare scripturas
"lo que abunda no suele viciar las escrituras"; en términos vulgares se
dice que "lo que abunda, no daña".

non turba sed factum in turba puniendum est
"no debe castigarse la turba, sino lo hecho por la turba".

nota bene
"observa bien"; abreviatura: *N.B.*

notitia criminis
"noticia del crimen"; empléase para referirse a la notificación de haberse cometido un delito.

notoria non egent probatione
"los hechos notorios no es necesario probarlos"; porque se trata de hechos cuya realidad puede conocerse a través de una actividad distinta de la procesal, sin que ello suponga un ataque a las garantías que el proceso proporciona a las partes.

novum iudicium
"nuevo juicio"; en la recursística se entiende que el sistema de la doble instancia no importa establecer un *novum iudicium*, sino impugnar ante una instancia superior la sentencia y siempre sobre la base de sus declaraciones. *Vide ius novarum*.

noxa
"daño, perjuicio, detrimento"; es un término anticuado del castellano y es sustantivo del género femenino: "la *noxa*". Por su inexistencia como vocablo en la lengua castellana es incorrecto usar *noxal* como sinónimo de perjudicial.

nox lucubrata
"noche pasada en vela"; se aplica al que ha estado trabajando sin descanso.

nulla dies sine linea
"ni un día sin una línea".

nulla intelligitur mora ibi fieri, ubi nulla petitio est
"se entiende que no hay mora, donde no hubo reclamación"; conf. artículo 508 del Código Civil.

nulla poena sine iudicio
"no hay pena sin juicio"; se trata de la garantía constitucional (art. 18), contenida en la necesidad del proceso previo llevado en forma legal y que concluya en una decisión jurisdiccional.

nulla poena sine lege

"no hay pena sin ley".

nullum crimen, nulla poena sine prævia lege

"no hay crimen ni pena, sin ley previa"; principio de derecho constitucional contenido en el artículo 18 de la Constitución Nacional.

nullum est quod nullum effectum producit

"la nulidad es la que ningún efecto produce".

nullum tributum sine lege

"no hay tributo sin ley"; todo impuesto debe ser creado por una ley previa.

nullus idoneus testis in re sua intelligitur

"nadie es testigo idóneo para comprender en causa propia"; de aquí que el testigo que depone sobre hechos propios mediante declaración inexacta, no incurre en falso testimonio; conf. artículo 18 de la Constitución Nacional.

numerus apertus

"número abierto"; se designa a todo sistema que, por lo enumerativo, permite salirse de él; *verbi gratia*: en materia de derechos reales, como sucede en España, se permite convertir en tales a cualesquier relación jurídica concerniente a una cosa. *Vide numerus clausus.*

numerus clausus

"número cerrado"; (1ª) aplícase al caso de las vacantes o plazas de número fijo o limitado en instituciones públicas o privadas y (2ª) para designar a todo sistema que, por lo taxativo, no permita salirse de él, *verbi gratia*: en materia de derechos reales, se adopta el sistema cerrado; conf. artículo 2502 del Código Civil. *Vide numerus apertus.*

numquam ex post facto crescit præteriti delicti æstimatio

"la pena del delito no se aumenta por el tiempo que pasó después de cometido".

nuptiæ sun coniunctio maris et feminæ, consortium omnis vitæ
"el matrimonio es la unión del hombre y la mujer, consorcio de toda la vida".

nuptias non cuncubitus sed consensus facit
"el matrimonio no se hace por la cohabitación sino por el consentimiento"; conf. artículos 172 del Código Civil y 17 del Pacto de San José de Costa Rica: "el matrimonio no puede celebrarse sin el libre y pleno consentimiento de los contrayentes".

obiter dictum
"dicho sea de paso"; aplícase cuando quiere señalarse algún detalle o elemento circunstancial o calificativo. Las palabras que expresan un *obiter dictum* se escriben entre comas o guiones.

obiit sine prole
"murió sin descendencia"; es decir sin dejar herederos legitimarios o forzosos, porque la prole o descendencia es respecto de una persona el conjunto de hijos, nietos y demás generaciones sucesivas que descienden de aquélla por línea directa; abreviatura: *o.s.p.*

obligatio extinguitur per confusionem vel solutionem
"la obligación se extingue por la confusión como por el pago"; conf. artículo 862 del Código Civil.

octies
"ocho veces"; numeral que añadido a cualquier número entero, indica que tal número se ha repetido por octava vez y en la técnica legislativa, se usa para designar el octavo añadido a un artículo o norma de una ley vigente, sin que se altere la numeración original. *Vide bis, ter, quáter, quinquies, sexies* y *septies*.

odi et amo

"odio y amo"; expresión clásica del síndrome amor-odio. Caius Valerius Catulus (Catulo): *Carmina*, 1, XXXV.

officium

"oficio"; función, deber o cargo.

officium deserere

"faltar al deber"; dícese que cuando se dicta una sentencia arbitraria, el tribunal incurre en una *officium deserere* respecto de la función judicial encomendada.

officium servare

"cumplir con el deber".

omisso medio

"omitido lo del medio", se suprime lo que se halla en el medio.

omne ignotum pro magnifico

dícese de aquello que, por saberse poco, se supone maravilloso; Publius Cornelius Tácitus (Tácito): *Vida de Agrícola,* XXX.

omne ius, aut consensus fecit aut necessitas constituit, aut firmavit consuetudo

"todo el derecho lo creó el consentimiento, lo instituyó la necesidad, o lo estableció la costumbre".

omni honore indignissimus

"absolutamente indigno de todo honor".

omnis definitio regula in iure civilis periculosa est; parem est enim ut non subverti possit

"toda definición en derecho civil es peligrosa; pues en efecto es igualmente fácil que ella sea tergiversada".

omnis potestas a Deo

"toda potestad viene de Dios".

onus probandi incumbit actori

"la carga de la prueba incumbe al actor"; conf. artículo 377 del Código Procesal Civil y Comercial de la Nación. *Vide afirmanti incumbit probatio* y *nemo tenetur edere contra.*

ope legis

"por obra de la ley"; *verbi gratia*: la concesión *ope legis* del beneficio de litigar sin gastos al trabajador; conf. artículo 41 de la ley 18.345, de procedimiento laboral nacional.

opera omnia

se refiere a todos los trabajos, *verbi gratia*: a toda la obra u obras completas de un autor.

opere citato

"obra citada"; empléase en un texto para evitar la repetición de una referencia; abreviatura: *op. cit.*

opinio edita in vulgus

"rumor extendido entre el vulgo".

oppressio veritatis

"supresión de la verdad"; elemento imprescindible para la existencia de estafa, ya que la *oppressio veritatis* constituye una positiva ocultación de hechos verdaderos para producir el engaño.

opprimi onere officii

"sucumbir bajo el peso del deber".

opus

"obra".

pacta quæ turpem causam continent, non sunt observanda
"los pactos que contienen una causa torpe, no son respetables"; conf. artículo 953 del Código Civil.

pacta sunt servanda
"los pactos deben ser cumplidos"; conf. artículo 1197 del Código Civil.

pactio verborum
fórmula convenida, términos de una convención; se dice que la intención al redactar un contrato es plasmar en sus cláusulas la *pactio verborum*.

pactum
"pacto, convenio".

pactum de non petendo
"pacto de no demandar"; aplícase al caso de la remisión de la deuda; conf. artículo 877 del Código Civil.

pactum est duorum consensus atque conventio
"pacto es el consentimiento y acuerdo de dos intervinientes"; Domitius Ulpianus (Ulpiano): *Digesto*, 50, 12, 3; conf. artículo 1137 y la nota del codificador del Código Civil.

pane lucrando
"para ganar el pan"; se aplica a las obras hechas sin esmero, con el único fin de ganarse la vida.

panem et circenses
"panes y circos"; para apaciguar al pueblo. Decimus Iunius Iuvenalis (Juvenal): *Sátiras*, IV, X, 81.

paradigma

"ejemplar", "paradigmático"; dícese del modelo: cosa o persona digna de ser imitada y tiene aplicación en las ciencias jurídicas respecto de algunos pronunciamientos jurisprudenciales que, por la autoridad judicial de la que emanan, se convierten en paradigma de la inteligencia de un texto legal.

paratissimus in iure

"muy bien preparado en materia de derecho"; dícese de los buenos abogados porque demuestran ser *paratissimus in iure*.

par condicio creditoris

"igual condición de los acreedores"; aforismo que rige en el derecho comercial respecto de los concursos. No debe escribirse *pars* ("parte") ni tampoco condictio (que no existe) ni *conditio*, cuyo significado es: (1ª) "fundación, creación"; (2ª) "condimentación, sazonamiento". *Vide condicio*.

parens binubus

"padre casado en segundas nupcias".

pariter

"igualmente", "del mismo modo".

pars est in toto

"la parte está contenida en el todo".

partem habere alicuius rei

"tener parte en algo".

parvo vivere

"vivir con poco", "contentarse con poco".

pássim

"aquí y allá"; para significar que un tema se encuentra en diversos lugares de una obra escrita.

peccata minuta
"error, falta o pecado leve".

pendente condicio
"pendiente la condición"; dícese cuando se está ante una condición reso-
lutoria o suspensiva. *Vide condicio.*

penitus extranei
"extraño a la pena"; aplícase en las convenciones a quienes, por no ser
parte, resultan ser terceros.

per accidens
"por accidente, accidental".

per annum
"por año, anualmente".

per aspera, ad astra
"por lo penoso, hasta las estrellas".

per cápita
"por cabeza, por persona"; *exempli gratia:* renta *per cápita.*

per fas et nefas
dícese de la acción que se emprende sin reparar en los medios emplea-
dos: "el fin justifica los medios".

periculum in mora
"peligro en la demora"; aplícase a las providencias cautelares porque
previenen tan sólo el *periculum in mora*, el riesgo de que la demora en
llegar hasta la sentencia no haga ilusorio el fin del proceso.

per sæcula
"para siempre".

per saltum
"por salto"; aplícase al conocimiento o avocación *per saltum* de resoluciones o sentencias por un tribunal superior, soslayando instancias intermedias.

per se
"por sí mismo".

persona dicitir vagus si nullibi domicilium habeat
"la persona se llama vago si no tiene en parte alguna domicilio"; conf. artículo 90, inciso 5°, del Código Civil.

persona maior plenum habet suorum iurium exercitium
"la persona mayor tiene el pleno ejercicio de sus derechos"; conf. artículos 128 y 129 del Código Civil.

persona quæ vicesimum primum ætatis annum explevit, maior est; infra hanc ætatem, minor
"la persona que ha cumplido los veintiún años es mayor; antes de esta edad es menor". Conf. artículo 126 del Código Civil.

petitio
"petitorio"; se usa como punto final de un escrito dirigido al tribunal, en el que se resumen las peticiones.

petitor
"demandante, accionante en juicio, solicitante"; en plural: *petitores*.

piæ causæ
"por causa de piedad"; aplícase a las fundaciones establecidas para obras piadosas.

pignus
"prenda".

plus dictum quam cogitatum

"dijo más de que lo que pensó"; se aplica a quienes dicen mucho más de lo que tendrían que haber expresado. *Vide minus dictum quod cogitatum.*

plus petitio

"más de lo peticionado"; aplícase a la demanda superior a lo pertinente. *Vide minor petitio.*

poenalia sunt restringenda

las leyes penales deben ser interpretadas restrictivamente.

possessor

"poseedor".

possessor pro suo

"poseedor por cuenta propia".

posterius

"posterior, que está o viene después"; en la construcción de la sentencia, el juez analiza los hechos como un *prius* y los califica como un *posterius* conforme al derecho vigente. *Vide prius.*

post facto

"después del hecho".

post factum, nullum consilium

aplícase al caso del que obra no obstante el consejo: porque lo hecho ya no tiene remedio.

post merídiem

por la tarde; postmeridiano. Abreviatura: *p.m.*

post mortem

"después de la muerte".

post scríptum
"posdata", lo que se añade a una carta ya concluida y firmada; abreviatura: *p.s.*

postulatio
"demanda"; en plural: *postulationes.*

præfatio
"prefación"; prólogo o introducción de un libro.

præiudicium
"juicio previo".

prænomen
"prenombre"; nombre de pila.

præscriptio
"prescripción".

præsumptio hominis
las *præsumptio hominis* son las pruebas producidas en otro juicio y resultarán válidas, en tanto en el anterior proceso la parte contraria hubiera tenido la posibilidad de hacer valer contra ellas todos los medios de verificación y de impugnación que la ley otorga en el juicio en que se produjeron.

præsumptio iuris et de iure
presunción que no admite prueba en contrario. *Vide præsumptio iuris tantum.*

præsumptio iuris tantum
presunción que admite prueba en contrario. *Vide præsumptio iuris et de iure.*

prætor
"pretor"; aplícase como derivación a las causales de arbitrariedad y absurdidad, que por creación pretoriana (jurisprudencial) pueden ejercitar-

se por la vía de los recursos extraordinarios federal y de casación, respectivamente.

pretium
"precio".

pretium doloris
"precio del dolor"; conf. artículo 1078 del Código Civil respecto del daño moral.

prima facie
"a primera vista"; específicamente, en materia de medidas cautelares, da a entender la apariencia de un derecho pero sin que con ello se prejuzgue sobre el asunto y también se usa en materia probatoria, ya que la "prueba *prima facie*" es aquella que permite extraer la prueba de los principios prácticos de la vida y de la experiencia de lo que generalmente ocurre en el natural desarrollo de las cosas. No debe decirse a *prima facie*.

primæ noctis
"la primera noche"; se refiere a la noche de bodas, por la probable consumación del matrimonio.

prima luce
"al amanecer", "en la alborada"; comienzo o principio de una cosa.

primo occupanti
"al primer ocupante"; dícese de aquello que por no tener dueño, pertenece aunque de manera temporal, al primero que lo ocupa.

primus inter pares
"primero entre iguales"; *verbi gratia*: el presidente de un tribunal colegiado que si bien es un juez miembro de aquél, por el motivo de presidirlo, resulta ser *primus inter pares*.

principium
"principio, comienzo".

prius

"antes, primero"; que denota prioridad de tiempo o lugar o preferencia: la acción es un poder que constituye el *prius* de la sentencia en que culmina el ejercicio de la actividad jurisdiccional. *Vide posterius.*

prius in usuras id quod solvitur, deinde in sortem accepto feretur

lo que se paga se imputa primero a los intereses, luego al capital; conf. artículo 777 del Código Civil.

prius témpore, potior ius

"primero en el tiempo tiene mejor derecho".

privatis pactionis non dubium est non lædi ius ceterorum

"no hay dudas que por convenios privados no se puede hacer daño al derecho de los demás"; alude al derecho de los terceros que no han integrado el convenio, por lo que no les resultará oponibles; conf. artículo 1199 del Código Civil.

privatorium conventio iuri publico non derogat

"las convenciones privadas no derogan las normas de orden público"; conf. artículo 21 del Código Civil. *Vide nemo ius publicum remittere debet.*

probatio demoniaca

"prueba diabólica"; dícese de la prueba imposible de producir.

probatio probatissima

prueba de las pruebas, prueba confesional; dícese que "a confesión de parte, relevo de pruebas".

procurator

"procurador"; representante.

procurator absentis

"procurador del ausente".

procurator in rem suam
"procurador en causa propia".

pro domo sua
"en pro de la propia causa" o de su propio provecho; se alude con ella al modo egoísta con que obran algunos.

producta sceleris
"producido criminal"; receptación de los efectos sustraídos para lucrar con ellos, conducta que configura el delito de encubrimiento. Conf. artículo 277 del Código Penal.

proestat in egestate vivere, quam inhoneste
"más vale vivir pobre, que deshonrado".

pro forma
"por la forma"; para cumplir con las formalidades.

pro indiviso
"por dividir"; se aplica a los bienes sin dividir de una comunidad.

pro mea parte
"por mi parte", "por lo que a mí se refiere".

pro memoria
"por o para memoria".

promptior lingua quam manu
"más expedito de palabras que de obras"; dícese de los malos políticos que son *promptior lingua quam manu*, porque tienen facilidad de palabra sólo para prometer.

proprium factum nemo impugnare potest
"nadie puede impugnar su propio hecho"; no debe escribirse propium. *Vide non concedit venire contra factum proprium.*

própter nuptias
"por razón del matrimonio, o debido al matrimonio"; se aplica al caso de la donación *própter nuptias* que es la que hacen los padres a sus hijos, por consideración al matrimonio que van a contraer.

propter rationem brevitatis
"en consideración a la brevedad"; *vide brevitatis causa.*

propter rem
"por razón de la cosa"; aplícase a las obligaciones que se contraen por motivo o causa de la cosa.

pro rata parte
"cuota o porción a pagar entre varios".

pro reo
"con ventaja o provecho para el reo"; *vide contra reum* y *favor rei.*

protestatio actui contraria non operatur
"carece de valor una protesta contraria a un título".

pro tribunali
(1^a) en estrados y audiencia pública con el traje y aparato de juez; (2^a) con tono autoritario.

proverbium
"adagio", refrán o frase breve que expresa una enseñanza o advertencia moral. El plural es: *proverbia.*

prudentiam, ut cetera auferat, adfert certe senectus
"las canas aun suponiendo que quita todo lo demás da, por lo menos, la prudencia"; *vide responsa prudentium.*

pseudo
"falso"; prefijo invariable o elemento compositivo que antepuesto significa falso y que aunque proviene del griego se incorporó al latín y se abrevia *ps.: ps. propheta, ps. Christus, ps. apostolus, etc. Vide pseudo sententia.*

pseudo sententia

"falsa sentencia"; dícese de la sentencia arbitraria, inválida como acto jurisdiccional, porque fundamenta su decisión en argumentos carentes de contenido jurídico, dando sólo un fundamento aparente y satisfaciendo de forma simulada la necesidad de ser una derivación razonable del derecho vigente con adecuada referencia a los hechos de la causa. *Vide auctoritate sua* e *ista sententia.*

quacumque

"por donde quiera que", "por cualquier parte que"; aplícase a las situaciones jurídicas a las que *quacumque* se intente, siempre tienen una sola vía jurídica de solución posible, pese al esfuerzo mañoso y finalmente estéril ensayado por una de las partes en el proceso judicial.

quacumque ope possunt

"por todos los medios posibles".

quadamtenus

"Hasta un cierto punto"; todo proceso judicial termina en la sentencia que define el derecho litigioso.

quæsitor

"el que busca" y se aplica, indistintamente al juez instructor y al fiscal o al director del procedimiento. No debe confundirse con *quæstor* (que era un funcionario de la Roma imperial) y menos "questor" que no existe como vocablo latino.

quæsitus

"rebuscado"; aplícase al abogado que es falto de efectividad por complicado o enredado en la defensa de su cliente.

quæstio
"cuestión", en general; en particular: "averiguación".

quæstio facti
"cuestión de hecho".

quæstio iuris
"cuestión jurídica".

qualibet
"por todos los medios".

quamlibet
"todo lo que se quiera", "cuanto se quiera".

quam ob rem
"¿por qué razón?".

quanti minoris
"menor cantidad".

quantum
"cuánto"; cantidad, suma. El plural es *quanta*.

quantum debeatur
"la cantidad debida"; el proceso de ejecución reconoce dos etapas, la primera el *an debeatur* (*vide*) y la segunda destinada a determinar el *quantum debeatur*.

quáter
"cuatro veces"; numeral que añadido a cualquier número entero, indica que tal número se ha repetido por cuarta vez y en la técnica legislativa, se usa para designar el cuarto añadido a un artículo o norma de una ley vigente, sin que se altere la numeración original. *Vide bis, ter, quinquies, sexies, septies* y *octies*.

qui benet amat, bene castigat
quien bien te quiere, te hará llorar.

qui de uno dicit de altero negat: qui de uno negat, de altero dicit
"lo que se dice de uno, se niega del otro; lo que se niega de uno se dice del otro"; significa que la afirmativa respecto a uno, importa la negativa de los demás. En cambio, lo que se niega de uno importa la afirmativa con respecto a los otros.

quid
"¿qué cosa?"; esencia, punto más importante o porqué de una cosa. Siempre debe escribirse precedido del artículo el y debe pronunciarse: *kuíd*.

quidam
"uno, alguno, un tal"; (1ª) sujeto a quien se designa indeterminadamente; (2ª) sujeto despreciable y de poco valer, cuyo nombre se ignora o se quiere omitir.

quid divinum
expresión latina con la que se designa la inspiración propia del genio.

quid iuris?
"¿qué del derecho?, ¿qué dice el orden jurídico a eso?".

quid pro quo
"una cosa por otra"; (1ª) expresión con la que se da a entender que una cosa se sustituye con otra equivalente; (2ª) error que consiste en tomar a una persona o cosa por otra.

qui excipit, probare debet quod excipitur
"quien alega una excepción, debe probar lo que alega".

qui non laborat, nec manducat
"el que no trabaja, que no coma".

quinquennium
"quinquenal", que dura un quinquenio, tiempo de cinco años; se aplica a los plazos cuyo término son de cinco años.

quinquies
"cinco veces"; numeral que añadido a cualquier número entero, indica que tal número se ha repetido por quinta vez y en la técnica legislativa, se usa para designar el quinto añadido a un artículo o norma de una ley vigente, sin que se altere la numeración original. *Vide bis, ter, quáter, sexies, septies* y *octies*.

qui per alium facit, per se ipsum facere videtur
"el que obra por medio de otro, obra por sí mismo".

qui prior est témpore, potior est iure
"quien es primero en el tiempo, tiene mejor derecho".

qui suo iure utitur neminem lædit
"quien ejerce su derecho no daña a nadie".

qui tacet, consentire videtur
"quien calla, otorga"; conf. artículo 1145 del Código Civil.

quod ab initio vitiorum est tractu temporis convalescere non potest
"lo que nace vicioso no se convalida por el tiempo".

quod abundat non nocet
"lo que abunda no daña".

quod no est in actis, non est in hoc mundo
"lo que no consta en actas, no es de este mundo"; dícese respecto de los expedientes judiciales que *quod no est in actis, non est in hoc mundo* porque todo lo alegado y probado, que debe ser objeto de la sentencia debe, necesariamente, constar en los autos.

quórum

número de individuos presentes necesario para que una votación sea válida. Es nombre de género masculino: el *quórum* y su plural es invariable: los *quórum*.

quota litis

"cuota litis"; pacto llamado de *quota litis* que se aplica a los convenios de honorarios.

quotiens ídem sermo duas sententias exprimit, ea potissimum excipitur, quæ rei gerendæ aptior est

"cuando de una misma expresión se pueden extraer dos sentidos, debe preferirse el que contenga el que sea más apropiado al acto".

rara avis in terris

"ave rara en la tierra"; aplícase a la persona o cosa difícil de encontrar, por lo raro o extraordinario. Comúnmente se dice: *rara avis*.

ratihabitio mandatum comparatur

"la ratificación es equivalente al mandato"; conf. artículo 2304 del Código Civil.

ratio

"razón"; justificación. Dícese también del comentario razonado de un texto jurídico.

ratio decidendi

"razón para decidir; razón suficiente"; suele usarse como sinónimo de motivación principal de una sentencia.

ratio iuris
"razón jurídica".

ratio legis
"razón legal", "finalidad"; (1ª) denominación de un principio general del derecho del cual deriva, consecuentemente, una disposición legal y (2ª) la intención que tuvo el legislador al dictar la norma, es decir el análisis para poder desentrañar el fin propuesto por la ley.

ratio monet amicitias comparare
"la razón aconseja procurarse amistades".

ratione loci
"por razón del lugar"; aplícase a las reglas de competencia judicial.

ratione materiæ
"por razón de la materia"; ídem anterior.

ratione personæ
"por razón de la persona"; ídem anterior.

ratione quantitatis
"por razón de la cantidad"; ídem anterior.

rebus sic stantibus
"continuando así las cosas"; en materia contractual la subsistencia de un contrato está supeditada a la permanencia de los motivos o circunstancias que originaron el convenio. Conf. artículo 1198 del Código Civil.

recta sapiens
"juzgar rectamente", con prudencia; aplícase a la actividad de los jueces, de quienes se debe presumir que al dictar sentencia lo realizan *recta sapiens*, por oposición a las decisiones arbitrarias.

rectius

"mejor dicho"; se usa para mejorar el concepto que se está expresando, *verbi gratia*: "los funcionarios del Ministerio Fiscal tienen la obligación (*rectius*) deber de ejercitar la acción pública". Se usa entre paréntesis.

rectius est

"es mejor", se dice para señalar que alguna cosa es de manera más conforme a lo bueno o lo conveniente.

reductio ad absurdum

"reducción al absurdo"; método para la demostración de una conclusión absurda.

reformatio in melius

"reforma con mejora", reforma en sentido favorable; *vide reformatio in peius*.

reformatio in peius

"reforma en perjuicio"; principio perteneciente al derecho constitucional enunciado en la "prohibición de la *reformatio in peius*". En materia penal, no obstante las normas de orden público y ante la ausencia de recurso acusatorio, se prohíbe agravar el *status* conseguido por el imputado en la instancia anterior, cuando sólo ha existido recurso de éste, y en lo civil no puede privársele al recurrente, de no haber mediado recurso del contrario, de lo otorgado o reconocido en el fallo recurrido.

regula iuris

"reglas de derecho".

relata réfero

"refiero lo que he oído"; es decir sin asumir responsabilidad por lo que se dice.

rem ad exitum perdúcere

"conducir una cosa a buen término".

renuntiato est strictissimæ interpretationis

"la renuncia es de estricta interpretación"; conf. artículo 874 del Código Civil.

renuntiato non præsumitur

"la renuncia no se presume"; conf. artículo 874 del Código Civil.

replicatio

"réplica".

requiéscat in pace

"descanse en paz"; abreviatura: *r.i.p.*

res derelictæ

"cosa abandonada"; *vide derelictio.*

res inter alios acta, aliis neque prodesse potest

"la cosa concluida entre unos, no puede dañar ni aprovechar a los otros"; conf. artículos 503, 1195 *in fine* y 1199 del Código Civil.

res inter alios iudicata

"la cosa juzgada no alcanza a los terceros"; porque la sentencia solo afecta a las partes.

res ipsa loquitur

"la cosa habla por sí misma"; dícese del asunto que, por sí mismo, es suficientemente obvio.

res iudicata

"cosa juzgada"; la *res iudicata* es la autoridad y eficacia que adquiere la sentencia judicial que pone fin a un litigio y que no es susceptible de impugnación alguna. *Vide imperium.*

res iudicata dicitur quæ finem contraversarum pronuntiatione iudicis accepit

"llámase cosa juzgada la que pone fin a la controversia con el pronunciamiento judicial".

res iudicata inter alios, non præiudicant
"la cosa juzgada entre unos, no es oponible a terceros".

res iudicata pro veritate habetur
"la cosa juzgada es tenida por verdad".

res nihili
dícese de aquello que no tiene importancia, que es insignificante.

res, non verba
"realidades, no palabras"; se aplica a quienes mucho prometen, pero nunca cumplen con lo prometido.

res nullius
"cosa de nadie".

resoluto iure concedentis, resolvitur et ius concessum
"resuelto el derecho del que concede, se resuelve también el derecho concedido".

res perit et acrecit domini
"la cosa perece y se acrecienta para su dueño"; conf. artículo 2604 del Código Civil.

responsa prudentium
"respuesta prudente"; aplícase a las respuestas de los jurisconsultos.

res publica
"cosa pública"; plural: *res publicæ*.

res sua
"causa propia".

reus in exceptione actor est
"en las excepciones el demandado es el actor".

reus inficiando vincit
"el reo que niega, vence"; *vide actore non probante reus absolvitur.*

risu corruere
"morirse de risa".

risum captare
"provocar la risa".

risui esse alicui
"ser motivo de risa".

risus abundat in ore stultorum
aplícase a los que de todo se ríen, sin razón ni motivo.

Roma locuta, causa finita est
"Roma ha hablado, la causa ha finalizado"; aplícase a cualquier decisión de un tribunal supremo.

scire leges non est verba eorum tenere, sed vim ac potestatem
"saber leyes no es conocer sus palabras sino su fuerza y poder".

secreto hoc audi
"oye esto, entre nosotros".

secundus ventus
"viento que sigue la misma dirección"; significa: "ir con viento en popa".

sed nec de suscipicionibus debere aliquem damnari, satius enimse impunitum facimus nocentis quam inocentem damnare
"nadie debe ser condenado por ser sospechoso, porque es mejor dejar impune un delito que condenar a un inocente"; conf. artículo 18 de la Constitución Nacional.

sed nunc non erat hic locus
dícese a propósito de aquello que, aun siendo bueno por sí mismo, se halla fuera de lugar u ocasión.

sed tamen, vere dicam
"no obstante, para decir verdad", "hablando con franqueza".

semper fidelis
"siempre fiel"; siempre digno de confianza.

sententia debet esse conformis libello
"la sentencia debe ser conforme lo pretendido", aforismo receptado por el Derecho Procesal; conf. artículo 163, inciso 6º del Código Procesal Civil y Comercial de la Nación.

seorsum ire
"ir separadamente", sedición.

septies
"siete veces"; numeral que añadido a cualquier número entero, indica que tal número se ha repetido por séptima vez y en la técnica legislativa, se usa para designar el séptimo añadido a un artículo o norma de una ley vigente, sin que se altere la numeración original. *Vide bis, ter, quáter, quinquies, sexies* y *octies*.

sexies
"seis veces"; numeral que añadido a cualquier número entero, indica que tal número se ha repetido por sexta vez y en la técnica legislativa, se usa para designar el sexto añadido a un artícuo o norma de una ley vigente, sin que se altere la numeración original. *Vide, bis, ter, quáter, quinquies, septies* y *octies*.

sibi dicere
"ser consecuente en el hablar".

(sic)
"así, de esta manera"; se usa para indicar que una palabra o frase es textual, aun siendo de apariencia inexacta. Se escribe entre paréntesis y sin punto.

sic itur ad astra
"este es el camino a las estrellas": la manera de conseguir fama e inmortalidad; Publio Vergilius Marón (Virgilio): la *Eneida*, IX, 641.

sic passim
"así en todo el original".

sic transit gloria mundi
"así pasa la gloria del mundo"; dícese sobre el carácter meramente transitorio del éxito mundano. Kempis, *Imitación de Cristo* (Lib. I, Cap. 3, vers. 6).

si impossibilis condicio obligationibus adiciatur nihil valet stipulatio
"si se agrega a las obligaciones una condición imposible, la estipulación no es válida"; conf. artículo 532 del Código Civil. No debe escribirse *condictio ni conditio. Vide condicio.*

si iudex arbiterve iure datus ob rem iudicandam pecuniam accepsit, capital esto
"si el juez o el árbitro jurídicamente nombrados reciben dinero para juzgar un asunto, deben ser condenados a la pena capital", Gelio, de un fragmento de las *XII Tablas*.

sine die
"sin día"; no fijar fecha para la continuación de una discusión, reunión, etcétera, *lato sensu* es el aplazamiento sin fecha determinada.

sine iure
"sin derecho".

sine pretio nulla venditio sit
"la venta sin precio es nula"; conf. artículo 1323 del Código Civil.

sine qua non
"sin la cual no es posible, condición inexcusable"; se emplea para referirse a algo que no es posible sin una condición determinada, porque es aquella sin la cual no se hará una cosa o se tendrá por no hecha. Se debe pronunciar: *sinekuanón* y no *sinekuánon*. *Vide condicio sine qua non*.

sine ulla exceptione
"sin reservas de ninguna clase"; aplícase al caso de las llamadas "reservas mentales", las que son objeto de prevención para no descubrir algo que se sabe o piensa.

si vis pacem, para bellum
"si quieres la paz, prepárate para la guerra"; Flavius Vegetius Renatus (Vegecio): *Epitome Rei Militaris, Tratado de Arte Militar*, 3, Prólog.

sol lucet ómnibus
"el sol brilla para todos"; aplícase a la garantía constitucional de la igualdad ante la ley (art. 16), porque precisamente la Constitución Nacional no establece distinciones individuales respecto a aquellas personas de características similares, ya que a todas ellas se les reconocen los mismos derechos y las mismas posibilidades.

solutionem adseveranti probationis onus incumbit
"la carga de la prueba incumbe al que asevera haber pagado".

solve et repete
"paga y reclama".

solvens
persona que paga una obligación. *Vide accipiens*.

specialia generalibus insunt
"lo especial está en lo general".

spes ultima gentis
"la última esperanza de la especie"; se aplica a la persona o producción de un hecho considerado providencial.

splendidum ingenium
"de brillante talento".

splendor animi et vitæ
"nobleza de alma y vida"; aplícase a aquellos que tienen lustre por su conducta esplendorosa.

spoliatus ante omnia restitutio
"quien fuera expoliado de una cosa deberá ser reintegrado a la situación primitiva"; el aforismo contempla el caso de la persona que ha sido despojada de una cosa con violencia o con iniquidad. Conf. artículo 2469 del Código Civil.

sponte sua
"por su propia voluntad, espontáneo"; dícese de los testigos que mienten *sponte sua* respecto de los cuales no los alcanza el delito de soborno, porque la promesa debe ser anterior a la declaración.

stare decisis
"mantenerse conforme a lo decidido".

statu quo
"estado actual de las cosas", "condición actual"; mantenimiento de la situación en que las cosas se encuentran actualmente. Debe pronunciarse: *státu kuó* y no *státu kúo*.

status
"situación", "posición", "estado legal"; *vide reformatio in peius* y *status innocentis*.

status innocentis
"estado de inocencia"; principio de derecho constitucional, por el cual el juez para condenar debe hallar en su sentencia un estado de certeza afir-

mativa que, alejándolo de toda duda, destruya el *status innocentis* del que goza el procesado; conf. artículo 1° del Código Procesal Penal de la Nación y Pacto de San José de Costa Rica. *Vide in dubio pro reo.*

status vitæ
"situación vital", posición social.

strepitu fori
"estrépito en el foro"; aplícase al caso de la divulgación de un hecho que se produce por *strepitu fori*, dada la magnitud del acontecimiento difundido.

stricto iure
"en riguroso o estricto derecho".

stricto sensu
"en sentido estricto"; se aplica a las interpretaciones en cuanto resultan ser explicaciones o declaraciones del sentido de una cosa. *Vide contrario sensu* y *lato sensu.*

stultitia
"tontería, necedad".

stultorum infinitus est numerus
"es infinito el número de los necios". (*Ecl.* I,15 *in fine*).

stupiditas
"estupidez", (1ª) torpeza notable en comprender las cosas; (2ª) dicho o hecho propio de un estúpido: necio o falto de inteligencia.

sub iudice
pendiente de juzgamiento o de resolución; dícese de la cuestión o caso *sub iudice.*

sublata causa, tollitur effectus
"suprimida la causa, desaparece el efecto".

sub silentio
"en silencio"; sin hacer ningún comentario o sin prestar atención.

substratum
"extendido hacia abajo", las raíces; alúdese al origen o procedencia de la madre patria: "los argentinos reconocemos el *substratum* hispánico".

sui géneris
"de su género o especie"; úsase para indicar que hay algo que es de género o especie muy singular y excepcional.

sui iuris
"de derecho, por su derecho".

suma mente esse
"estar en uso de razón"; se aplica a las personas que por encontrarse *suma mente esse* son capaces de discernimiento.

summa ope
"por todos los medios".

súmmum
el punto más alto, el máximo grado.

summum bonum
"el bien supremo".

summum ius, summa iniuria
"el máximo de derecho es causante de la máxima injusticia", Marcus Tullius Cicero (Cicerón): *De Officiis*, 1, 10; la aplicación de la ley no debe importar una tarea mecánica que pueda conducir al absurdo del *summum ius, summa iniuria*, porque el juez debe juzgar con equidad, atenuando el rigor literal del texto normativo y resultará arbitrario el fallo que produce una iniquidad.

sunt lacrimæ rerum
la vida es inevitablemente trágica; Publio Vergilius Marón (Virgilio): la *Eneida*, I, 462.

suo iure

"por su derecho"; aplícase a la persona que en el proceso se presenta directamente sin mediar representación.

suo témpore

"a su tiempo"; dícese de las cosas que deben hacerse *suo témpore.*

superfluum non est quod ad declarationem punitur

"no es superfluo lo que se agrega con fines de aclaración"; en materia contractual las aclaraciones tienen su importancia y no están de más.

suprema officia

"los últimos honores", los funerales.

suppressio veri

"la supresión de lo que es verdad"; la verdad a medias.

sursum corda

"arriba los corazones".

suspectus

"sospechoso".

suspicionem movére

"inspirar sospecha"; dícese del individuo que por la *suspicionem movére* da motivos para desconfiar de él.

tantum devolutum quantum apellatum

"es devuelto tanto como ha sido apelado"; esto es, que la alzada puede resolver el recurso en la medida de los agravios expresados; principio del derecho procesal constitucional que sanciona el "exceso de jurisdicción" por parte del tribunal de alzada, cuando media intromisión de éste en puntos que de la instancia inferior han llegado firmes por no haber sido aquéllos objeto de impugnación.

tedium vitæ
"repugnancia a la vida".

ter
"tres veces"; numeral que añadido a cualquier número entero, indica que tal número se ha repetido por tercera vez y en la técnica legislativa, se usa para designar el tercer añadido a un artículo o norma de una ley vigente, sin que se altere la numeración original. *Vide bis, quáter, quinquies, sexies, septies* y *octies*.

terminus ad quem
"límite hasta el cual"; en el intervalo comprendido entre el *terminus a quo* y el *terminus ad quem*, se encuentra la fecha aproximada de un hecho cuya fecha cierta se ignora.

terminus a quo
"límite desde el cual"; ídem anterior.

testamentum est voluntatis nostræ iusta sententia de eo, quod quis post mortem suam fieri vult
"el testamento es la expresión de nuestra legítima voluntad, acerca de lo que se quiere que se haga después de la muerte"; conf. artículos 3607 *et seq.* del Código Civil.

testis unus, testis nullus
"un solo testigo, testigo nulo"; *vide ut supra (Introitus)* nuestra observación al respecto.

thema decidendi
"tema de la decisión"; se refiere a la materia a la que concretamente tiene que limitarse la sentencia; conf. artículo 163 del Código Procesal Civil y Comercial de la Nación.

thema probandi

"proposición probatoria"; se halla referido a la probanzas ofrecidas u ordenadas producir en un litigio. También, aunque *stricto sensu*, se refiere al hecho consecuente que debe ser acreditado en la prueba de presunciones. *Vide thema probatum.*

thema probatum

se refiere al hecho antecedente que, como *prius*, debe estar acreditado en la prueba de presunciones; porque en esta materia ante la dificultad de obtener prueba de un hecho determinado, todo queda condicionado a que se pruebe la certeza del hecho consecuente: el *thema probandi*, aunque ligados ambos hechos antecedente y consecuente por una manifiesta relación de causalidad. *Vide thema probandi.*

tigni intimendi

se trata de la servidumbre, llamada de *tigni intimendi*, por la que se permite introducir o apoyar vigas y tirantes en la pared del vecino.

timeo danaos et dona ferentes

"temo a los griegos, aunque traigan donativos"; aplícase al caso de los funcionarios que se cuidan de recibir donativos. Publio Vergilius Marón (Virgilio): la *Eneida*, II, 49.

timor multus

"mucho temor", tumulto; se aplica al caso del disturbio, alboroto.

tradens

"el que transmite"; en el contrato de compraventa el vendedor es el tradens. *Vide accipiens.*

traditio

"tradición", entrega. Es el acto mediante el cual una persona pone en poder de otra una cosa; conf. artículos 2601 *et seq.* del Código Civil.

transactio est instar rei iudicatæ

"la transacción tiene el valor de la cosa juzgada"; conf. artículo 850 y la nota del codificador del Código Civil.

tu quoque, fili?

"¿tú también, hijo mío?"; frase que se le atribuye a César emperador (Caius Iulius Cæsar) haberle dicho a Bruto (Marcus Iunius), su amigo y posiblemente su hijo, cuando aquél iba a ser asesinado. Se usa como reproche a un amigo que deslealmente se ha unido a otros para hacerle daño a uno y, asimismo, para el caso de la traicionera imputación o recriminación inesperadamente recibida de una persona que se contaba como amiga.

turbatio sanguinis

"confusión de la sangre"; aplícase al caso de la paternidad del padre premuerto y respecto de la viuda.

ubi est verborum ambigui, valet quod acti est

"cuando las palabras son ambiguas, es válido el significado congruente con la acción".

ubi factum requiritur, verba non sufficiunt

"donde se requiere un hecho, las palabras no son suficientes".

ubi ius, ibi societas

"donde hay derecho, hay sociedad".

ubi lex non distinguit, nec nos distinguere debemus

"donde la ley no distingue, nosotros tampoco debemos distinguir".

ubi lex voluit dixit, ubi noluit tacuit

"cuando la ley lo quiere, lo dice; cuando no lo quiere, guarda silencio".

ubi rex, ibi lex

"donde hay rey, hay ley".

ubi terrarum sumus?

"¿en qué sitio de la Tierra estamos?"; tiene aplicación al caso, siempre actual, de preguntarse: ¿en qué mundo vivimos?

ultima ratio

"la última razón"; los argumentos finales son reemplazados por la fuerza.

ultimátum

dícese de las condiciones definitivas cuyo rechazo implica la guerra y que también se usa en sentido figurado como decisión definitiva. El plural puede ser, indistintamente: los *ultimátums* o *ultimátos*.

ultimus tempus ætatis

"la última edad"; el fin de la vida. *Vide vergente iam die.*

ultra petitio

"más de lo pedido"; dícese de la sentencia que concede a una de las partes más de lo peticionado. *Vide citra petitio, extra petitio* e *infra petitio.*

ultra posse nemo obligatur

caso en que la acción del sujeto determina un proceso en el cual la abstención lleva a un resultado antijurídico y que aquél pudo evitar: "el cirujano que después de iniciada una operación quirúrgica deja que el paciente se desangre".

ultra vires hereditatis

más allá de las fuerzas de la sucesión; tal es el caso de la aceptación sin beneficio de inventario. *Vide intra vires hereditatis.*

uno verbo

"en una palabra"; resumidamente.

unum et ídem

"uno y lo mismo"; suele usarse en expresiones tales como: mentir a medias y mentir del todo es *unum et ídem.*

urbi et orbi

"a la ciudad y al mundo"; a todas partes. Se usa en sentido figurado: "a los cuatro vientos".

usque ad finem

"hasta el fin"; dícese de aquellas obras o asuntos que emprendidos, deben seguirse *usque ad finem*.

usus fori

"de práctica o uso en el foro"; se aplica a los usos y costumbres del foro, *verbi gratia*: formas generalmente aceptadas *usus fori* para la redacción de la demanda y de las demás peticiones al tribunal.

ususfructus

"usufructo", derecho real de usar y gozar de una cosa, cuya propiedad pertenece a otro, con tal que no se altere su sustancia; conf. artículos 2807 *et seq.* del Código Civil.

ut dixerat

"como había decidido"; se trata de una expresión *ut dixerat* que usa el juez para referirse a una anterior decisión suya contenida en el proceso y especialmente usada por los jueces de las cámaras de apelación respecto de la invocación de un precedente jurisprudencial.

ut infra

"como debajo"; remisión. Indicación para que el lector acuda a otro párrafo o página, que se halla ubicado *ut infra*, es decir más adelante en el mismo texto. *Vide ut supra*.

uti, non abuti

"usar, pero no abusar".

uti possidetis

"como poseéis"; de aplicación en el derecho internacional.

ut quoeque res est turpissima, sic maxime vindicanda est

"cuanto más detestable es una acción, tanto más ha de ser castigada", aplicable al caso contemplado por las agravantes genéricas de la pena; conf. artículos 40, 41 *et seq.* del Código Penal.

ut sementem feceris, ita metes

"como hayas hecho la siembra, así recogerás"; se aplica a la cosecha, en sentido figurado, de la que cada uno obtiene como resultado los frutos de sus cualidades o de sus actos.

ut singuli

"de manera singular"; con referencia a las cosas o personas, individualmente. *Vide ut universi.*

ut supra

"más arriba"; se trata de una remisión a lo expresado *ut supra* en un párrafo o página. *Vide ut infra.*

ut supra dictum est

"como se ha dicho más arriba"; se emplea como remisión.

ut universi

"de manera global"; se halla en contraposición con *ut singuli.* Se refiere al concepto de universalidad.

vade retro

"véte o márchate"; úsase para rechazar una persona o cosa.

varium et mutabile

"variable y cambiante"; aplícase a la personalidad inestable. Publio Vergilius Marón (Virgilio): la *Eneida*, IV, 569.

velis nolis

"quieras o no quieras, de grado o por fuerza".

venditorem dicere vitia oportet

"el vendedor debe decir los defectos de la cosa ofrecida", aplícase al caso de los vicios redhibitorios; conf. artículos 2164 *et seq.* del Código Civil.

vera efigies

"imagen verdadera" de una persona o cosa; dícese que a la persona se la conoce realmente por la conducta asumida en una determinada circunstancia que la obliga a mostrarse tal como es, dejando de lado la superficialidad mundana y brotando así su *vera efigies.*

verba cum effectu sunt accipienda

las palabras deben ser interpretadas para darles eficacia; se trata de pautas para la interpretación contractual.

verba volant, scripta manent

"las palabras vuelan, lo escrito permanece".

verbi gratia

"por ejemplo"; abreviatura: *v.g.* o *v.gr. Vide ad exemplum* y *exempli gratia.*

verbo sunt liberi, re servi

"son libres de nombre, pero esclavos de hecho"; aplícase al caso de los drogadictos que, pese a la libertad de que parecen gozar, son esclavos del vicio.

verbum conventionis ad omnia de quibus negotii contrahendi, transigendique causa consentiunt quæ inter se agunt

la palabra convención es genérica y es aplicable a toda especie de negocio o de cláusula que las partes tengan en mira; conf. artículo 1137 del Código Civil.

vergente iam die

"a la caída del día"; suele usarse para significar la declinación de la vida. *Vide ultimus tempus ætatis.*

veri iuris umbra et imaginibus utimur
"del verdadero derecho, sólo tenemos una sombra y una imagen"; locución esta que se aplica a la sentencia judicial que, pese a reconocer la existencia de una norma legal, la declara inaplicable al caso por una arbitraria o errónea interpretación, circunstancia esta que consecuentemente torna inoperante a la sentencia.

veritas locum, ubi consistat, reperire non poterit
"la verdad no podrá hallar un sitio en el cual pueda detenerse".

versatilis
"versátil"; voluble o inconstante; en sentido figurado se emplea respecto de la persona que se acomoda o es apta para todo.

versura solvere
"pagar una deuda con un préstamo"; se emplea respecto de los deudores próximos a la quiebra, cuyo significado es el de: "abrir un agujero para tapar otro o ir de mal en peor".

versus
"contra, frente a"; también se usa como oposición de dos conceptos. Abreviatura: *v.* o *vs.*

versutus
"astuto"; dícese del que es hábil para engañar o para lograr artificiosamente cualquier fin.

verus possessor
"verdadero poseedor"; la acción de reivindicación puede dirigirse contra el *verus possessor* si el *fictus possessor* denuncia su nombre y domicilio; conf. artículos 2782 *et seq.* del Código Civil. *Vide fictus possessor.*

vía crucis
en sentido figurado es: "la aflicción continuada que sufre una persona"; se emplea con minúsculas, acentuado y separado, no "viacrucis".

via vivendi
"línea de conducta".

victis causa diis placuit, sed victa Catoni
"los dioses estuvieron por el vencedor pero Catón por el vencido"; Marcus Annaeus Lucanus (Lucano): *Farsalia*, 1, 128. Sirve para caracterizar al que sigue sirviendo una causa justa, aun cuando haya sido sucumbido.

vide
"véase"; abreviatura: *vid.*

videntur barbaros esse eos qui ab aliquibus cuiuslibet legibus non reguntur
"se consideran bárbaros aquellos que no se rigen por ninguna clase de ley". Santo Tomás de Aquino: comentario a la *Política,* de Aristóteles, 1, 1.

vim vi repellere licet
"es lícito rechazar la fuerza con la fuerza".

vinculum iuris
"vínculo jurídico", relación de derecho.

vindicta
"venganza"; dícese que la *vindicta* es la satisfacción que se toma del agravio o daño recibidos.

vir bonus, dicendi peritus
"un hombre de bien que sabe hablar"; Marcus Porcio Cato, llamado Catón el Viejo o el Censor, definía al orador como aquel que era poseedor de la doble autoridad de la virtud y el talento.

vis
"violencia, fuerza"; hay empleo de la *vis* cuando se ejecuta contra el modo regular o fuera de razón y justicia.

vitam impendere vero

"consagrar su vida a la verdad"; Decimus Iunius Iuvenalis (Juvenal): *Sátiras*, IV, 91.

vox clamantis in deserto

"la voz del que clama en el desierto"; dícese de la persona que habla sin ser escuchado: que predica en el desierto.

vox mortua

"expresión muerta"; se aplica a los documentos por su característica fundamental de ser *vox mortua*, por oposición al testimonio. *Vide vox viva*.

vox populi, vox Dei

"voz del pueblo, voz de Dios"; da a entender que cuando todos afirman una cosa, debe de ser verdad. Suele usarse sólo *vox populi*.

vox viva

"expresión viva"; se aplica a la prueba testimonial por su característica fundamental de ser *vox viva*, por oposición a los documentos. *Vide vox mortua*.

ÍNDICE TEMÁTICO

A

abandono:
derelictio
longo silentio res habetur pro derelicto

abogado:
advocati non ultra quam litium poscit uti-litas ...
advocatus
quæsitus

abogado consultor:
consultus iuris
responsa prudentium

abogado del diablo:
advocatus diaboli

abominable:
improba verba
nefandus

abrir un agujero para tapar otro:
versura solvere

absolución:
actore non probante reus absolvitur
favor rei

absolvente:
ficta confessio

abstención:
in dubiis, ábstine
ultra posse nemo obligatur

absurdo:
absurdus
argumentum ad absurdum
reductio ad absurdum

abundancia:
non multa sed multum

abuso:
uti, non abuti

abuso de bebidas alcohólicas:
delírium trémens

accidente de trabajo:
in itinere

accionante:
actori incumbit probatio

accionar:
ubi est verborum ambigui, valet quod acti est

accionar contra sí mismo:
nemo contra se sponte agere censetur

accionar sospechoso:
improbum facta suspicio insequitur

acción buena:
bene facere

acción con resultado antijurídico y evitable:
ultra posse nemo obligatur

acción de daños y perjuicios:
actio damni infecti

acción de haber puesto la cosa sustraída en lugar seguro:
illatio

acción del demandante:
actor sequitur forum rei

acción del heredero:
iure hereditatis

acción de llevarse la cosa:
ablatio

acción de petición de herencia:
hereditatis petitio

acción de reducción del precio:
actio quanti minoris

acción de regreso:
exceptio mali processus

acción de reivindicación:
fictus possessor
verus possessor

acción de remover la cosa:
amotio

acción de romper cosas dotadas de alguna resistencia física defensiva que cierren o delimiten un ambiente:
effracta

acción de tocar la cosa:
contrectatio

acción en contra de los buenos modales:
contra bonos mores

acción en contra de quien se hubiese enriquecido sin causa, en perjuicio del demandante:
actio in rem verso

acciones humanas:
actiones hominum

acciones o conductas:
in fraudem legis

acciones personales:
actiones in personam

acciones reales:
actiones in rem

acción extinguida:
actioni semel exstincta non reviviscit

acción judicial:
necessitas defensionis

acción libre en la causa:
actio libera in causa

acción no es sino el derecho de reclamar en juicio lo que a uno le es debido:
actio nihil allud est quam ius persequendi ...

acción que no ha nacido:
actioni non natæ non præscribitur

aceptación con beneficio de inventario:
intra vires hereditatis

aceptación de la herencia sin beneficio de inventario:
ultra vires hereditatis

aceptación de una herencia:
cretio
hereditas pro parte adiri nequit

aclarar la verdad:
córam loqui

acompañantes del negocio jurídico:
naturalia negotii

a condición de que:
cum eo quod

aconsejando sobriedad y moderación en todo:
ne quid nimis

aconsejar:
alicui bene

acontecimiento que da motivo a una guerra:
casus belli

acreedor:
accipiens
aliud pro alio invito creditore solvi non potest
cessionarius est pro creditor
confusio est cum debitor et creditor una...
compensatio est debiti et crediti inter se...
creditor
mora accipiendi

actas de una conferencia:
ad litteram

actas judiciales:
apud acta

actas públicas:
acta publica probantia per ipsas
ex opere operato

actividades que ponen en funcionamiento los derechos:
actiones hominum

acto cometido por un nefandario:
nefandus

acto condicionado:
ad imposibilia nemo tenetur

acto entre vivos:
donatio

acto jurídico:
ad nútum
ad probationem
ad solemnitatem
bona fide
lex loci celebrationis
locus regit actum

acto jurisdiccional válido:
citra petitio

acto mediante el cual una persona pone en poder de otra una cosa:
traditio

acto que carece de efectos:
actus omissa forma legis corruit

acto que nace de la voluntad:
motu proprio

actor:
actore non probante reus absolvitur
actori incumbit probatio
nemo iudex sine actore

actos de comercio:
nemo propria manu sibi debitorem adscribit

actos ilícitos:
neminem lædit qui suo iure utitur

actos nulos:
actus omissa forma legis corruit

actos propios:
non concedit venire contra factum proprium

actos simulados:
acta simulata veritatis substantiam mutare...

actuación conforme a la ley:
feci, sed iure feci

actuación en justicia:
contra non valentem agere non currit....
ex officio

actuación personal o de la naturaleza:
ab irato

actuar:
ab irato

acusación:
nemo iudex sine actore

acusado:
habemus confitentem reum

acusarse a sí mismo:
nemo tenetur prodere se ipsum

además:
ítem

a Dios gracias:
Dei gratia

administración estatal:
in dubio magis contra fiscum est respon-
dendum
iure gestionis

administrador:
ad litem
nihil penitus tam in administratione posi-
tis, ...

administrar justicia:
ius dicere

admisibilidad:
in limine litis

adopción:
adoptio non ius sanguinis, sed ius ...

adquisición de la posesión:
adipiscimur possessionem corpore et ...

adular:
blandus amicus

adulterio:
adulterium sine malo dolo non committi-
tur

adversario:
inimicus

afecto:
affectio maritalis
affectio societatis

afectuosamente:
ab imo péctore

afinidad:
affinitas est civile vinculum ex nuptiis ...
et hoc genus omne
gradus affinitati nulli sunt

afirmación:
afirmanti incumbit probatio

afirmación de una falsedad:
fictus testis

aflicción continuada que sufre una persona:
vía crucis

aforismo:
aphorismus
breviter et commode dicta

afrenta:
iniuria

agente fiscal:
inquisitor

agnación:
adoptio non ius sanguinis, sed ius ....

agradecimiento:
bis dat qui cito dat
Dei gratia

agravantes genéricas de la pena:
ut quoeque res est turpissima, sic maxi-
me ...

agregado:
bis

**agrupación de entidades para nego-
cios importantes:**
consortium

a gusto:
ad gustum

ahora mismo:
hic et nunc

a impulsos de la ira:
ab irato

a la caída del día:
vergente iam die

a la ciudad y al mundo:
urbi et orbi

a la compasión:
ad misericordiam

a la cosa:
ad rem

al agrado:
ad líbitum

a la letra:
ad litteram

alambicado:
contortulus

a la par:
a pari

alboroto:
timor multus

alegación de la propia torpeza:
nemo auditur propriam turpitudinem allegans

alegatos:
in voce
iudex secundum allegata et probata a partibus ...

alejado de todos sus bienes:
fortunis ómnibus exturbatus

alejar:
amotio

al final:
in fine

algo embrollado:
contortulus

algo ocurrido hace mucho tiempo, o en otros tiempos:
in illo témpore

al hombre:
ad hominem

al instante:
incontinenti

allí mismo:
ibídem

al mismo grado:
ad eundem gradum

a los cuatro vientos:
urbi et orbi

al pie de la letra:
ad pédem litteræ

alrededor de:
circa

al servicio de una causa justa:
victis causa diis placuit, sed victa Catoni

alteración de la realidad:
acta simulata veritatis substantiam mutare ...

altura en las edificaciones:
non altius tollendi

alusión a algo ocurrido hace mucho tiempo, o en otros tiempos:
in illo témpore

a. m.:
ante merídiem

ambigüedad:
cum in verbis nulla ambiguitas est, non ...

ambigüedad en las palabras:
ubi est verborum ambigui, valet quod acti est

amigo íntimo:
álter ego
intimus consiliis eorum

amistad:
blandus amicus

amistad traicionada:
tu quoque, fili?

animales irracionales:
in anima vili

ánimo:
adipiscimur possessionem corpore et ....

ánimo de lucro:
de lucro captando

anormal:
contra naturam

ante la claridad cesa la interpretación:
in claris cessat interpretatio

ante la contradicción de las cláusulas:
clausulæ repugnantia semper capienda est ...

ante quien:
ad quem

antes de las nupcias:
ante nuptias

antes del mediodía:
ante merídiem

antes de todo examen:
a priori

añadido:
bis

apariencia:
non turba sed factum in turba puniendum est

apariencia de buen derecho:
fumus boni iuris

apariencia de obrar por cuenta propia:
interpósita persona

apariencia natural:
ad vivum

apartamiento de la jurisprudencia estabilizada:
inauditus

apartar:
amotio

apartarse de la injusticia:
deterrere ab iniuria

apartarse de lo razonable o de su deber:
lapsus

a partir del momento:
dies a quo

a pesar de los inconvenientes:
ad multos annos

apetecido:
desiderátum

a placer:
ad nútum

aplazamiento sin fecha determinada:
sine die

aplicación de la ley del lugar:
lex loci

aplicación de la ley del lugar de celebración del acto jurídico:
lex loci celebrationis

aplicación de la ley del tribunal en el asunto sometido a su jurisdicción:
lex fori

aplicación de la ley del lugar en que se ha contratado:
lex loci contractus

aplicación del derecho:
deterrere ab iniuria

apodo:
alias

apotegma:
dictum

apoyar vigas y tirantes en la pared del vecino:
tigna intimenda

apreciación por la calidad de las cosas:
non numero haec iudicantur, sed pondere

aprobación por el interesado:
ad referéndum

a propósito:
ex professo

aprovecha el día presente:
carpe diem

aproximadamente:
circa

aquello que queda en lo incierto:
in ambiguo

a quien:
ad quem

aquí y ahora:
hic et nunc

arar y cavar:
arare cavare

arbitrariedad:
auctoritate sua
contra legem
ista sententiam!
ius et utile, unum atque ídem

árbitro:
arbiter nihil extra compromissum facere
potest

a resultados grandes por vías estrechas:
ad augusta per angusta

Argentina:
ius soli

argumentación:
a contrariis
ad absurdum
ad captandum vulgus
ad hominem
ad innocentiam
ad misericordiam
a fortiori
a maiori ad minus
a minori ad maius
a pari
a posteriori
a potiori
a priori
argumentum
a símili
contradictio in terminis

argumento que no admite réplica:
magister dixit

Aristóteles:
videntur barbaros esse eos qui ab aliquibus ...

arrebatadamente:
ab irato
ex abrupto

arte de escribir brevemente:
multa paucis

arte de lo bueno y de lo equitativo:
ius est ars boni et æqui

artículo:
bis
ter
quáter
quinquies
sexies
septies
octies

asenso:
consensus

así es:
ita est

asociación:
consortium

aspiración:
desiderátum

astuto:
versutus

asunto obvio:
res ipsa loquitur

asuntos que emprendidos, deben seguirse hasta el fin:
usque ad finem

a título honorífico:
honoris causa

a todas partes:
urbi et orbi

atraer al vulgo:
ad captandum vulgus

atrevimiento:
audaces fortuna iuvat

atribución de permanencia:
ab æterno

atributo de autoridad:
imperium

audaces:
audaces fortuna iuvat

audiencia:
audi alteram partem

audiatur altera pars
ficta confessio

ausencia:
in absentia

ausencia de acusación:
nemo iudex sine actore

ausencia de recaudos formales:
in limine litis

autoacusación:
nemo contra se sponte agere censetur
nemo tenetur prodere se ipsum

autoridad:
imperium
iure imperii
metu publicæ potestatis
ubi rex, ibi lex

auxiliar de la justicia:
ex officio

averiguación:
inquisitio

aversión:
improba verba

a voluntad:
ad nútum

axioma:
aphorismus

B

bancos de datos públicos o privados:
hábeas data

bárbaros:
videntur barbaros esse eos qui ab aliquibus ...

bebidas alcohólicas:
delírium trémens
in vino veritas

beneficio:
ad honorem
benefactum

beneficio de inventario:
intra vires hereditatis
ultra vires hereditatis

beneficios prestados durante el ejercicio de un cargo:
nihil penitus tam in administratione positis, ...

benignidad:
in poenalibus causis benignius interpretandum est

bien:
dignoscere rectum

bien que se hace o se recibe:
benefactum

bilateralidad:
audiatur altera pars

brevedad:
breviter faciam
breviloquens
brevitatis causa

brevedad de la vida:
carpe diem
vitæ summa brevis

bromear:
animus iocandi

Bruto *Marcus Iunius*:
tu quoque, fili?

buena acción:
bene facere
benefactum

buena conducta:
ad vitam aut culpam

buena fe procesal:
iudicium improbus

buena fuente:
certis auctoribus aliquid comperisse

buena memoria:
mendacem memorem esse oportet

buenas costumbres:
bene moratus
bona fide
bonæ fidei possessor suos facit ...
condiciones, quæ contra ...
contra bonos mores ...
æquum accipitur ex dignitate ...

buen comportamiento:
contra bonos mores

buen consejo:
alicui bene

bueno:
ius est ars boni et æqui

buenos modales:
contra bonos mores

burlas:
animus iocandi

búsqueda de pruebas:
inquisitio

C

c.:
circa

cada uno debe tener derecho de defensa:
cuique defensio tribuenda

calidad:
non numero haec iudicantur, sed pondere

calificación de una tesis doctoral:
cum laude

calificativo de las presunciones que no admiten prueba en contrario:
iuris et de iure

calificativo de las presunciones que sí admiten prueba en contrario:
iuris tantum

callar la verdad:
fictus testis

calumnia:
exceptio veritatis

calumniar es imputar falsos delitos:
calumniari est falsa crimina intendere

cámaras de apelación:
ut dixerat

cambiando lo que se deba cambiar:
mutatis mutandis

cambiar lo menos posible:
minime sunt mutanda, quæ interpretationem ...

camino:
iter

camino del crimen:
iter criminis

cantidad:
non numero haec iudicantur, sed pondere

capacidad:
capitis diminutio

capacidad profesional:
currículum vitæ
inscitia
ultra posse nemo obligatur

capricho:
contra legem

cara a cara:
córam loqui

carátula de expedientes:
et alii

careo:
córam loqui

carga de la prueba:
actore non probante reus absolvitur
actori incumbit probatio
afirmanti incumbit probatio

cargo:
ad ínterim
ad perpétuam

cargo funcional:
nihil penitus tam in administratione positis, ...

cargo público:
de vita et móribus

carrera de honores:
decursus honorum

casación:
ad eventum

caso de guerra:
casus belli

casos en los que se estima que la situación actual, que se está viviendo, debería perdurar:
esto perpetua

caso en que la acción del sujeto determina un proceso en el cual la abstención lleva a un resultado antijurídico y que aquél pudo evitar:
ultra posse nemo obligatur

caso fortuito:
casus
casus fortuitus a mora excusat
fortuitus casus est, qui nullo humano ...

caso fortuito es el que ningún buen sentido humano puede prever:
fortuitus casus est, qui nullo humano ...

castigo:
ut quoeque res est turpissima, sic maxime ...

catálogo:
index

cátedra:
ex cáthedra

categórico:
ad rem

Catón el Viejo o el Censor *Marcus Porcio Cato*:
vir bonus, dicendi peritus

Catulo *Caius Valerius Catulus*:
odi et amo

caución:
fiscus non solet satisdare

causa concluida:
Roma locuta, causa finita est

causa de las cosas:
felix qui potuit rerum cognoscere causas

causa justa:
digna causa
victis causa diis placuit, sed victa Catoni

causal excepcional para poder juzgar las cuestiones de hecho en la casación:
absurdus

causa motivo:
causa movens

causante de la sucesión que murió sin testar:
ab intestato. Vide abintestato.

causante de los daños:
actio damni infecti

causa o motivo desencadenantes:
ab origine

causa penal:
indicta causa
in poenalibus causis benignius interpretandum est

causa propia:
nemo esse iudex in sua causa potest

causa que en realidad opera en una determinada circunstancia para producir un efecto:
causa causans

causa real:
causa causans

cautela:
minime sunt mutanda, quæ interpretationem ...

ceda el arma a la toga:
cedant armæ togæ

celebración del acto jurídico:
lex loci celebrationis

celebración del contrato teniendo en cuenta la calidad, profesión, oficio o arte especial del otro contratante:
intuitu personæ

celebridad:
homo splendidus

célibe:
innupta

centro del mundo:
axis mundi

cerca de:
circa

certeza:
certum est quia impossible est

César emperador *Caius Iulius Cæsar*:
tu quoque, fili?

cesionario:
cessionarius est pro creditor

chanzas:
animus iocandi

Cicerón *Marcus Tullius Cicero*:
æquo animo
habemus confitentem reum

circunstancias personales:
ad hominem

citación de tercero:
exceptio mali processus

ciudad:
extra muros

claridad del texto:
in claris cessat interpretatio

clasificación por igual mérito:
ex æquo

cláusula:
ad gustum
ad líbitum
clausulæ repugnantia semper capienda est ...

código:
codex

Código Civil
ver ÍNDICE DE LEGISLACIÓN

Código de Comercio
ver ÍNDICE DE LEGISLACIÓN

Código Penal
ver ÍNDICE DE LEGISLACIÓN

Código Procesal Civil y Comercial de la Nación
ver ÍNDICE DE LEGISLACIÓN

Código Procesal Penal de la Nación
ver ÍNDICE DE LEGISLACIÓN

Código Procesal Penal de la provincia de Buenos Aires
ver ÍNDICE DE LEGISLACIÓN

cohabitación:
nuptias non cuncubitus sed consensus facit

coincidencia de opiniones:
consensus

comedia:
acta est fabula

comerciantes:
nemo propria manu sibi debitorem adscribit

cometer una acción injusta:
iniuste facere

comisión de un acto ilícito:
actio damni infecti

comisión de un delito:
in fraganti
nefarius

como consecuencia de lo convenido:
ex stipulatu

comodato:
gratuitum debet esse commodatum

como debajo:
ut infra

como ejemplo:
ad exemplum

como había decidido:
ut dixerat

como hayas hecho la siembra, así recogerás:
ut sementem feceris, ita metes

como poseéis:
uti possidetis

como se ha dicho más arriba:
ut supra dictum est

compasión:
ad misericordiam

compendio:
compendium

competencia judicial:
locus delicti commissi

competencia territorial:
locus delicti commissi

completamente:
in extenso

complicado:
quæsitus

comportamiento personal:
fluctuat nec mergitur

comprar a plazo fijo:
in diem émere

compraventa:
ad gustum
conventio perficit emptionen tradens

comprensión:
in albis
lata culpa est nimia negligentia, id est ...

comprobación:
in rerum natura

compromiso:
arbiter nihil extra compromissum facere potest

compuesto de varios elementos:
concretus

compulsión:
nemo potest coegi ad factum

cómputo del plazo:
dies ad quem
dies ad quem computatur in termino
dies a media nocte incipit
dies a quo non computatur in termino

comunidad:
non grata

comunidad de bienes:
consortium

comunidad de caracteres:
et hoc genus omne

con afecto:
ab imo péctore

con alabanza:
cum laude

concepción:
exceptio pluribus concubium

concepción en el seno materno:
nasciturus

concepto:
breviloquens
communis opinio

concepto de universalidad:
ut universi

concepto sentencioso:
dictum

conciencia:
nihil sibi conscire

concisión:
breviloquens
brevitatis causa
multa paucis

conclusión inconsecuente:
non sequitur

conclusión del litigio:
desitum est disputari

concusión:
metu publicæ potestatis

condena:
in dubio pro reo
nemo inauditus condemnetur

condenado:
confessus pro iudicato habetur, qui ...

condición:
ad referéndum
condicio
condicio existens ad initium negotii ...
condiciones, quæ contra bonos mores ...

condiciones definitivas cuyo rechazo implica la guerra:
ultimátum

condición imposible:
impossibilis condicio habetur cui natura ...

condición inexcusable:
condicio sine qua non

condición sin la cual no es posible:
condicio sine qua non

conducta:
via vivendi

conducta contradictoria:
non concedit venire contra factum proprium

conducta irreprochable:
ad extremum diem

conducta procesal:
ex malitia nemo commodum habere debet
improbus litigator

con el efecto de ver y de probar:
ad effectum videndi et probandi

conferencia:
ad litteram

confesión:
confessio soli confitenti nocet
ficta confessio
habemus confitentem reum

confeso:
confessus pro iudicato habetur, qui ...

confianza:
affectio societatis
álter ego

confidente de sus secretos:
intimus consiliis eorum

conforme al pacto:
ex pacto

confusión:
obligatio extinguitur per confusionem vel solutionem...

confusión de la sangre:
turbatio sanguinis

confuso:
in ambiguo

con igual mérito:
ex æquo

con iracundia:
ab irato

con la condición de informar:
ad referéndum

con la mente tranquila:
æquo animo

con las manos en la masa:
in fraganti

con mano militar:
manu militari

con mayor motivo:
a fortiori
nedum

conocimiento:
a priori
cogito, ergo sum

conocimiento real de la persona:
vera efigies

con palabras terminantes:
apertis verbis

con particular intención:
ex professo

consagrar su vida a la verdad:
vitam impendere vero

consanguinidad:
adoptio non ius sanguinis, sed ius ...

con seguridad:
ab imo péctore

consentimiento:
aliud pro alio invito creditore solvi non ...
consensus
conventionis verbum generale est ad ...
fiat consentimiento:
nuptias non cuncubitus sed consensus facit

consentimiento de dos o más personas sobre una misma cosa:
est pactio duorum pluriumve in ídem ...

consideración pública:
existimatio

consorcio:
consortium

consorcio de toda la vida:
nuptiæ sun coniunctio maris et feminæ, ...

consumación del delito:
iter criminis

consumación del delito de hurto:
ablatio

amotio
contrectatio
illatio

contra:
versus

contradecir:
advocatus diaboli

contradicción:
clausulæ repugnantia semper capienda est ...
contradictio in terminis

contradictor en un proceso judicial:
inimicus

contra lo que conviene:
contra atque oportet

contrariamente a la ley:
contra legem

contrariamente a la naturaleza:
contra naturam

contrariedades de la vida:
fluctuat nec mergitur

contrario al buen sentido:
absurdus

contrario a lo que se desea o se pretende:
adversus

contra todos:
erga omnes

contrato:
ad gustum
ad líbitum
clausulæ repugnantia semper capienda est ...
commodum eius esse debet, cuius periculum est
contractus ex conventionis lege accipere ...
conventio legem dat contractui
conventio perficit emptionen
conventionis verbum generale est ad ...
culpa in contrahendo

cum in verbis nulla ambiguitas est, non ...
de lucro captando
exceptio non adimpleti contractus
ex pacto

contrato de compraventa:
tradens

contratos:
in contractibus rei veritas potius quam ...
in conventionibus contrahentium volunta-
tem ...
intuitu personæ
lex loci contractus
nemo ius publicum remittere debet

contratos comerciales:
nemo propria manu sibi debitorem ads-
cribit

contrayentes:
nuptias non cuncubitus sed consensus fa-
cit

convencer:
argumentum

convencimiento:
bona fide

convención:
ante nuptias
contractus ex conventionis lege ...
conventionis verbum generale est ad ...
conventio legem dat contractui
conventio perficit emptionen
verbum conventionis ad omnia de quibus ...

conveniencia:
contra atque oportet

conversación:
breviter faciam

convicción:
conscientia bene actæ vitæ

cónyuge:
conubii societas

copias de documentos:
ad pédem litteræ

cópula:
coeundi

cordialidad:
ex corde

corporación:
consensus

corrección:
ad extremum diem

corrupción:
corruptio optimi pessima
fraus omnia corrumpit

cosa:
ad nauseam
debitor speciei liberatur interitu rei
extra commercium
traditio

cosa admirable de decir:
mirabile dictu

cosa admirable de ver:
mirabile visu

**cosa conseguida sin esfuerzo, fácil-
mente adquirida, sin trabajo:**
illaboratus

cosa juzgada:
res iudicata
transactio est instar rei iudicatæ

**cosas o hechos cuya naturaleza no se
puede deslindar con suficiente claridad:**
mixti fori

cosa sustraída en lugar seguro:
illatio

cosecha:
ut sementem feceris, ita metes

costas:
iudicium vinco

costumbre:
æquum accipitur ex dignitate ...
bene moratus

bona fide
bonæ fidei possessor suos facit ...
condiciones, quæ contra bonos mores ...
de vita et móribus
diuturna consuetudo pro iure et lege in ...
extra consuetudinem
inveterata consuetudo, pro lege non ...

costumbres:
mores

creer en alguien:
alicui credere

crimen:
defuncto eo qui reus fuit criminis, et ...

criminal:
iter criminis
nefandus
nefarius

criterio estabilizado de opinión:
minime sunt mutanda, quæ interpretatio-
nem ...

cuando la ley lo quiere, lo dice, cuan-
do no lo quiere, guarda silencio:
ubi lex voluit dixit, ubi noluit tacuit

cuando las palabras son ambiguas, es
válido el significado congruente con la
acción:
ubi est verborum ambigui, valet quod acti
est

cuando lo mejor se corrompe, se con-
vierte en lo peor:
corruptio optimi pessima

cuando quiere señalarse algún detalle
o elemento circunstancial o calificati-
vo:
obiter dictum

cuando todos afirman una cosa, debe
de ser verdad:
vox populi, vox Dei

cuando una persona por acto entre vi-
vos transfiere de su libre voluntad gra-
tuitamente a otra, la propiedad de
una cosa:
donatio

cuanto más detestable es una acción,
tanto más ha de ser castigada:
ut quoeque res est turpissima, sic maxi-
me ...

cuanto se quiera:
quamlibet

cuerpo del delito:
corpus delicti

cuerpo de leyes:
codex

cuerpo jurídico:
corpus iuris

cuerpo sano:
mens sana in corpore sano

cuestionamiento de la voluntad:
cum in verbis nulla ambiguitas est, non ...

cuestión controvertida:
communis opinio

cuestión esencial:
citra petitio

cuestiones no planteadas:
extra petitio

culpa:
actio libera in causa
culpa in contrahendo

culpabilidad:
nocentia

culpa grave:
lata culpa est nimia negligentia, id est ...
lata culpa plane dolo comparabitur

cumplimiento de la condición:
impossibilis condicio habetur cui natu-
ra ...

cumplimiento de la ley:
in legibus salus

cumplimiento de una obligación:
datio in solutum

cumplimiento de una obligación legal:
neminem lædit qui suo iure utitur

curador:
ad litem abintestato
curator ad litem
curator ventris

custodia:
ablatio

C. V.:
currículum vitæ

D

dación en pago:
datio in solutum

dádivas:
nihil penitus tam in administratione positis, ...

dad los hechos, que ellos dicen el derecho:
da mihi factum, dabo tibis ius

daño:
ad periculum opponi
damnum
damnum pati videtur, qui commodum amittit, ...
noxa

daño ajeno:
nemo debet lucrari ex alieno damno

daño emergente:
damnum emergens

daño eventual:
eventus damni

daño futuro:
damnum infectum est damnum nondum factum, ...

daño potencial:
damnum infectum est damnum nondum factum, ...

daño que aún no se ha producido:
damnum infectum est damnum nondum factum, ...

daños y perjuicios:
actio damni infecti
id quod interest vel quanti non solum ex damno ...

dar a uno la libertad de escoger:
eligendi optionem dare alicui

dar fe de:
affidavit

dar satisfacción a una petición razonable:
alicui honesta petendi satisfacio

de acuerdo con lo convenido:
ex pacto

de ambas partes:
ab utraque parte

de aplicación a las interpretaciones en cuanto resultan ser explicaciones o declaraciones del sentido de una cosa:
lato sensu

de aquél:
de cuius

deber:
in officio esse
non facit fraudem qui facit quod debet

de buena fe:
bona fide

de buenas costumbres:
bene moratus

de buen grado:
ex animo

decisión arriesgada:
alea iacta est

decisión definitiva:
ultimátum

decisión de medidas cautelares:
non audita altera pars

decisión judicial:
dictum

declaración:
affidavit

declaración de inconstitucionalidad:
cuius est condere, legem eius est abrogare

declaración de un derecho que no afecta a la persona sino a la cosa:
actiones in rem

declaración inexacta:
nullus idoneus testis in re sua intelligitur

declaración testimonial:
incontinenti

declinación de la vida:
vergente iam die

de común acuerdo:
ex communi consensu

de corazón:
ab imo péctore

de derecho:
de iure

deducción:
a fortiori

de entrada:
in limine

de fácil adquisición:
illaboratus

defectos de la cosa ofrecida:
venditorem dicere vitia oportet

defender prolijamente la equidad contra el derecho estricto:
multa pro æquitate contra ius dicere

defensa en juicio:
accommodare ad orandam litem tempus
advocati non ultra quam litium poscit ...
advocatus
cuique defensio tribuenda
necessitas defensionis
nemo inauditus condemnetur
quæsitus

definición del derecho litigioso:
quadamtenus

de forma interina:
ad ínterim

de grato recuerdo:
bonæ memoriæ

de hecho:
de facto

de igual a igual:
ex pari

de improviso:
ex abrupto
in promptu

dejación material y voluntaria que se hace de una cosa mueble:
derelictio
res derelictæ

de la ley:
ex lege

de la malicia no debe sacarse ventaja:
ex malitia nemo commodum habere debet

de la permanencia y validez de los actos cumplidos por la autoridad pública, pese a los defectos del funcionario:
ex opere operato

de la persona cuya sucesión se trata:
de cuius

del cual:
a quo

del cumplimiento del derecho no puede haber injusticia:
iuris exsecutio non habet iniuriam

del hecho nace el derecho:
ex facto oritur ius

delincuente colocado en situación de inimputabilidad:
actio libera in causa

delirio con agitación provocado por el abuso de bebidas alcohólicas:
delírium trémens

delito:
corpus delicti
ex delicto
fautor delicti
in fraganti
iter criminis
nefarius
notitia criminis
numquam ex post facto crescit præteriti ...

delito contra la propiedad:
furtum usus

delito de hurto:
ablatio
amotio
contrectatio
illatio

delito de injurias:
animus iniuriandi

delito reiterado:
delictum iteratum gravius est

delitos de peligro:
damnum infectum est damnum nondum factum, ...

del mismo lugar:
indidem

de lo convenido:
ex stipulatu

de lo más a lo menos:
argumentum a maiori ad minus

de lo menos a lo más:
argumentum a minori ad maius

de los libros:
ex libris

de los males, los menores:
minima de malis

del verdadero derecho, sólo tenemos una sombra y una imagen:
veri iuris umbra et imaginibus utimur

demagogo:
ad captandum vulgus

demanda:
necessitas defensionis
usus fori

demandado:
actor sequitur forum rei

demandado que ha contestado la demanda:
litis contestatio

demanda inferior a lo pertinente:
minor petitio

demanda temeraria:
improbus litigator

de manera global:
ut universi

de manera repentina o impensada:
in promptu

de manera singular:
ut singuli

demasía:
ne quid nimis

de mayor valor:
a potiori

demora de poco tiempo:
non est magnum damnum in mora modici temporis

demostración de una tesis con un ejemplo:
ad exemplum

demostrar:
argumentum
argumentum ad absurdum

de ninguna manera:
nequáquam

de ningún modo:
nulla ratione

denominación jurídica:
nomen iuris

dentro de la ciudad o en lugares poblados:
intra muros

dentro de los límites de la ley:
intra legem

de nuevo:
de novo

de oficio:
ex officio

de oídas:
de auditu

de otro modo:
alias

dependiente:
ex qua persona qui lucrum capit, eius ...

de pocas palabras:
breviloquentis

de práctica o uso en el foro:
usus fori

de pronto:
in promptu

de quien:
de cuius

derecho:
iura novit curia
iustitia est constans est perpetua voluntas ...
ubi ius, ibi societas
vinculum iuris

derecho administrativo:
finito officio, cessant onera officii

derecho aduanero:
ad valórem

derecho a la cosa:
ius ad rem

derecho a ser indemnizado:
actio damni infecti

derecho civil y canónico:
in utroque iure

derecho constitucional:
in dubio pro reo
innocentia
non bis in ídem

derecho de administrar:
iure gestionis

derecho de defensa:
cuique defensio tribuenda
necessitas defensionis
nemo inauditus condemnetur

derecho de gentes:
ius gentium

derecho de la sangre:
ius sanguinis

derecho del suelo:
ius soli

derecho de mandar con autoridad:
iure imperii

derecho de reclamar en juicio:
actio nihil allud est quam ius ...

derecho de usar, percibir los frutos y de disponer:
ius utendi, fruendi et abutendi

derecho estricto:
multa pro æquitate contra ius dicere

derecho imaginario:
contra legem

derecho inexistente:
contra legem

derecho injusto:
ius et utile, unum atque ídem

derecho internacional público:
divortium aquarum
uti possidetis

derecho "inútil":
ius et utile, unum atque ídem

derecho marítimo:
ad valórem
forum arresti

derecho nuevo:
ius novarum

derecho privado:
ius privatum

derecho procesal:
ad cautélam
de visu
in situ
infra petitio
in limine litis

derecho procesal constitucional:
hábeas corpus
hábeas data

derecho procesal penal:
indicta causa
in situ

derecho público:
ius publicum

derecho real de usar y gozar de una cosa, cuya propiedad pertenece a otro, con tal que no se altere su sustancia:
usus fructus

derecho recursivo:
novum iudicium
ius novarum

derechos a la obtención de la cosa:
ius ad rem

derechos cuyos efectos se producen con relación a todos:
erga omnes

derechos del país de nacimiento:
ius soli

derechos del propietario de una cosa:
ius utendi, fruendi et abutendi

derechos reales:
in pari causa, melior est causa possidentis
numerus apertus
numerus clausus

derecho sobre la cosa:
ius in re

derecho sucesorio:
de cuius
in stirpe

derecho y utilidad son lo mismo:
ius et utile, unum atque ídem

derogación de la ley:
cuius est condere, legem eius est abrogare
desuetudo
leges posteriores priores contraria abrogant

derrelinquir:
derelictio

desapoderado:
fortunis ómnibus exturbatus

desarrollo de un texto:
in eam rationem loqui

descarrío:
lapsus

Descartes:
cogito, ergo sum

desconocido:
ignobilis

descuido o desprecio absoluto de las precauciones más elementales, para evitar un mal o un daño:
lata culpa est nimia negligentia, id est ...

desde ahora:
ex nunc

desde el comienzo:
ab initio
in limine

desde el comienzo del juicio:
in limine litis

desde el fondo del corazón:
ab imo péctore

desde el origen:
ab origine

desde el principio:
ab initio

desde entonces:
ex tunc

desde la cátedra:
ex cáthedra

desde la eternidad:
ab æterno

desde lo más profundo:
de profundis

desde tiempo inmemorial o muy remoto:
ab initio

desde un principio:
ab ovo

desempeño de un cargo:
ad honorem
ad ínterim

deseo:
ad multos annos

deseo de que alguna cosa esté o vaya lejos de quien habla, o de que Dios le libre de ella:
ábsit

desesperanza:
desperationem afferre alicuius rei
nil desperandum

desfavorable:
adversus

deshonor:
iniuria

designación de un funcionario o de un auxiliar de la justicia:
ex officio

designación oficial:
ex officio

desnudo:
in púribus

desobediente:
inobsequens

desposeído:
fortunis ómnibus exturbatus

después del hecho:
post factum

destino:
ad astra

destrucción del estado de inocencia del reo:
in dubio pro reo

desuniendo los ánimos y las voluntades se introduce discordia que debilitan a la oposición:
divide et impera

desuso:
desuetudo

detenido:
favor libertatis
hábeas corpus

determinación de la deuda:
an debeatur

de todo corazón:
ab imo péctore

detrimento:
noxa

deudor:
compensatio est debiti et crediti inter se ...
confusio est cum debitor et creditor una ...
debitor

debitor speciei liberatur interitu rei
in dubio semper id, quod minus est debetur
mora solvendi
nemo propria manu sibi debitorem ads-
cribit

deudores:
versura solvere

de una parte y de la otra:
ab utraque parte

de un delito:
ex delicto

de verdad:
ab imo péctore

de vista:
de visu

de viva voz:
in voce

día:
dies a quo non computatur in termino
dies a quo

día por día:
in dies

dícese del que tiene falta de conoci-
miento acerca de un tema o asunto de-
terminado:
ignotus

dicho:
breviter et commode dicta
dictum

dicho sea de paso:
obiter dictum

dichoso:
beatus ille qui procul negotiis

difunto:
heredem eiusdem potestatis iurisque ...
hereditas nihil aliud quam successio in ...

Digesto:
æquum est, ut cuius participavit ...

in conventionibus contrahentium volunta-
tem ...
in dubio magis contra fiscum est respon-
dendum
iuris exsecutio non habet iniuriam
lata culpa plane dolo comparabitur
leges posteriores ad priores pertinent,
nisi ...
non debeo melioris condicionis esse, ...
non debet ei cui plus licet, quod minus ...

dijo menos que lo que pensó:
minus dictum quod cogitatum

diligencia:
alterius aut negligentia, qui diligens ...

Dios:
ad maiorem Dei gloriam
laus Deo

Dios desde la máquina:
Deus ex máchina

Dios mediante:
Deo volente

Dios me libre:
ábsit

diré en pocas palabras:
breviter faciam

director del procedimiento:
inquisitor
quæsitor

discordia:
divide et impera

discrepar con uno:
cum aliquo dissidere

discriminación:
hábeas data

discurso:
breviter faciam

disminución de la capacidad:
capitis diminutio

disolución del contrato de mandato:
mandatum solvitur morte

disparatadamente:
ad efesios

dispendio jurisdiccional:
dispendia moræ

distinción:
homo splendidus

distinción de la ley:
ubi lex non distinguit, nec nos distinguere ...

distinguir entre el bien y el mal:
dignoscere rectum

disturbio:
timor multus

dividid y vencerás:
divide et impera

división de la confesión:
confessio dividi non debet

divisoria de las aguas:
divortium aquarum

doble instancia:
ius novarum
novum iudicium

doble persecución judicial:
non bis in ídem

Doce tablas:
Duodecim tabulæ

docto en derecho:
consultus iuris

documento, material o medio que proporcionan información confiable:
certis auctoribus aliquid comperisse

documentos:
vox mortua

dolo:
adulterium sine malo dolo non committitur
consilium fraudis
dolus non præsumitur

lata culpa plane dolo comparabitur

dolo eventual:
eventus doli

domicilio especial en un litigio:
ad litem

dominio:
alienato est omnis actus, per quem ...

donativos:
timeo danaos et dona ferentes

donde hay derecho, hay sociedad:
ubi ius, ibi societas

donde hay rey, hay ley:
ubi rex, ibi lex

donde la ley no distingue, nosotros tampoco debemos distinguir:
ubi lex non distinguit, nec nos distinguere debemus

donde se requiere un hecho, las palabras no son suficientes:
ubi factum requiritur, verba non sufficiunt

dos veces:
bis

doy para que des:
do ut des

doy para que hagas:
do ut facias

drogadicto:
verbo sunt liberi, re servi

duda:
cogito, ergo sum

duda:
in dubio

duda a favor de la libertad:
in dubio pro libertate

duda a favor del poseedor:
in dubio pro possessore

duda a favor del reo:
in dubio pro reo

duda en contra del fisco:
in dubio magis contra fiscum est respon-dendum

dueño:
animus domini

dueño del suelo:
dominus coeli et inferorum

E

edificación:
non altius tollendi

efecto erga omnes:
lex generalis
lex singularis

efectos:
erga omnes

eficacia:
álter ego
clausulæ repugnantia semper capienda est ...

e. g.:
exempli gratia

ejecución:
nemo perágere potest sine titulo

ejecución contra el modo regular o fuera de razón y justicia:
vis

ejecución de sentencia:
an debeatur
iuris exsecutio non habet iniuriam

eje de la vida:
axis mundi

ejemplo:
exempli gratia

ejercicio de la acción por el titular del derecho:
legitimatio ad causam

ejercicio de la administración estatal:
iure gestionis

ejercicio de la autoridad estatal:
iure imperii

ejercicio de los derechos:
actiones hominum

ejercicio regular de un derecho propio:
neminem lædit qui suo iure utitur

el abuso de un derecho no invalida su uso:
abusus non tollit usum

el abuso no es uso, sino corruptela:
abusus non est usus, sed corruptela

el confeso se tiene por juzgado y en cierto modo condenado por su propia sentencia:
confessus pro iudicato habetur, qui ...

el delito reiterado es más grave:
delictum iteratum gravius est

el derecho es el arte de lo bueno y de lo equitativo:
ius est ars boni et æqui

el deudor de una especie se libera si la cosa perece:
debitor speciei liberatur interitu rei

el día comienza a la medianoche:
dies a media nocte incipit

el día del comienzo no se computa en el plazo:
dies a quo non computatur in termino

el día del juicio final:
dies iræ

el día del vencimiento se computa hasta el término del plazo:
dies ad quem computatur in termino

el día final del plazo:
dies ad quem

el dolo común de ambas partes se compensa:
ab utraque parte dolus compensandus

el dolo no se presume:
dolus non præsumitur

el elogio de sí mismo:
deforme est de se ipso predicare

elementos naturales del negocio jurídico:
naturalia negotii

el error común hace derecho:
error communis facit ius

el error hace nulo el acto:
error actum irritum reddit

el feto concebido tiene trascendencia jurídica en tanto nazca con vida:
infans conceptus pro nato habetur quotiens ...

el fin corona la obra:
finis coronat opus

el fin de la vida:
ultimus tempus ætatis

el fisco no suele dar caución:
fiscus non solet satisdare

el fraude todo lo corrompe:
fraus omnia corrumpit

el fundamento o el motivo de la pretensión jurídica:
causa petendi

el género se considera que no perece:
genus nunquam perit

el hombre es expansivo cuando ha bebido:
in vino veritas

el hombre es un lobo para el hombre:
homo homini lupus

el juez aplica la ley correspondiente:
iura novit curia

el juez conoce el derecho:
iura novit curia

el juez debe juzgar según lo alegado y probado por las partes:
iudex secundum allegata et probata a partibus ...

el lugar de celebración rige el acto:
locus regit actum

el maestro lo ha dicho:
magister dixit

el mandato especial deroga el general:
mandatum speciale derogat generali

el mandato se disuelve por la muerte:
mandatum solvitur morte

el matrimonio no puede celebrarse sin el libre y pleno consentimiento de los contrayentes:
nuptias non cuncubitus sed consensus facit

el matrimonio no se hace por la cohabitación sino por el consentimiento:
nuptias non cuncubitus sed consensus facit

el mentiroso debe tener buena memoria:
mendacem memorem esse oportet

el mismo:
ídem

el número de los necios es infinito:
stultorum infinitum est numerus

el que busca:
quæsitor

el que puede lo más, puede lo menos:
non debet ei cui plus licet, quod minus ...

el que transmite:
tradens

el reo que niega, vence:
reus infitiando, vincit

el resto falta:
cetera desunt

el ser espiritual del hombre:
ego

el término como el momento final del plazo:
dies ad quem computatur in termino

el término de un plazo:
dies ad quem

el vendedor debe decir los defectos de la cosa ofrecida:
venditorem dicere vitia oportet

embrollo:
mixti fori

emigración:
ius sanguinis

empate:
ex æquo

emprender una acción:
causa movens

en acto:
in actus

enajenación:
alienato est omnis actus, per quem ...

en ambigüedad:
in ambiguo

en ánima vil:
in anima vili

en aquello que siempre tuvo una interpretación cierta, debe cambiarse lo menos posible:
minime sunt mutanda, quæ interpretationem ...

en aquel tiempo:
in illo témpore

en aumento:
in crescendo

en ausencia:
in absentia

en ausencia de una ley escrita:
diuturna consuetudo pro iure et lege in ...

en blanco:
in albis

en calidad de reo:
in reatu

encargado de una información judicial:
inquisitor

en caso de duda deberá decidirse en contra del fisco:
in dubio magis contra fiscum est respondendum

en caso de duda siempre es debido lo que es menos:
in dubio semper id, quod minus est debetur

en contra de la costumbre:
extra consuetudinem

en contra del reo:
contra reum

encubridor:
fautor delicti

en cueros:
in púribus

en desarrollo:
in crescendo

Eneida:
ab uno disce omnes
audaces fortuna iuvat
famat volat
sic itur ad astra
sunt lacrimæ rerum
timeo danaos et dona ferentes
varium et mutabile

en el acto:
ipso facto

en el buen sentido:
in bonam partem

en el camino:
in itinere

en el instante:
in fraganti

en el interior de las fuerzas de la herencia:
intra vires hereditatis

en el lugar citado:
loco citato

en el mal sentido:
in malam partem

en el mismo lugar:
ibídem

en el mismo momento:
in fraganti

en el organismo:
in vivo

en el pecho:
in péctore

en el tiempo presente:
in præsenti

en el último momento:
in extremis

en el vidrio:
in vitro

en este orden de cosas:
in eam rationem loqui

en favor de la inocencia:
argumentum ad innocentiam

en favor de la libertad:
favor libertatis

en favor del matrimonio:
favor matrimonii

en favor de los hijos del matrimonio:
favor filiorum matrimonii

en favor del reo:
favor rei

enfermo incurable:
insanabilis

en fraude de la ley:
in fraudem legis

enfurecido:
ab irato

en las causas penales se impone la interpretación más benigna:
in poenalibus causis benignius interpretandum est

en las convenciones debe observarse mejor la voluntad de los contratantes que a las palabras:
in conventionibus contrahentium voluntatem ...

en las sutilezas del derecho:
in apicibus iuris

en lo abstracto:
in abstracto

en lo que fue establecido contra la razón del derecho, no podemos seguir la reglas del derecho:
in his quæ contra rationem iuris constituta ...

en los casos oscuros suele tenerse en cuenta lo que es más verosímil o lo que suele hacerse ordinariamente:
in obscuris inspici solet quod verosimilius ...

en los contratos se debe examinar con cuidado cuál es la verdad de la cosa, más que a lo escrito:
in contractibus rei veritas potius quam ...

en los términos:
in terminis

en los últimos instantes de la existencia:
in extremis

en los umbrales del proceso:
in limine litis

en ningún sentido:
in nullam partem

en paridad de causa, es preferido
quien posee:
in pari causa, melior est causa possidentis

en presencia de una persona:
córam loqui

en público:
córam pópulo

¿en qué mundo vivimos?:
ubi terrarum sumus?

¿en qué sitio de la Tierra estamos?:
ubi terrarum sumus?

enredado:
quæsitus

en riguroso o estricto derecho:
stricto iure

enriquecimiento sin causa:
actio in rem verso

en seguida:
hic et nunc

en sentido amplio:
lato sensu

en sentido contrario:
contrario sensu

en silencio:
sub silentio

en su lugar:
in situ

en su sitio:
in situ

en su totalidad:
in totum

en tanto se refiere a una ley a dictarse:
de lege ferenda

en tanto se refiere a una ley en vigencia:
de lege lata

en tiempo oportuno:
in témpore

en toda su extensión:
in extenso

en total:
in sólidum

entrada de un escrito o de una oración:
introitus

en trance de muerte:
in extremis

entrega:
traditio

entre las partes:
inter partes

entre los males hay que elegir los menores:
ex malis eligere minima oportet

entre nosotros:
inter nos

entre vivientes:
inter vivos

en una palabra:
uno verbo

en uno y otro derecho:
in utroque iure

en vivo:
in vivo

equidad:
æquitas præferetur rigori
æquum accipitur ex dignitate eius, qui ...
æquum est, ut cuius participavit ...
ius est ars boni et æqui

equidad contra el derecho estricto:
multa pro æquitate contra ius dicere

equivocación:
errare humánum est

error:
errare humánum est
erratum
error actum irritum reddit
error communis facit ius
lapsus

error al correr de la pluma:
lapsus cálami

error cometido al escribir:
lapsus cálami

error cometido al hablar:
lapsus linguæ

error de actividad:
in procedendo

error de juzgamiento:
in iudicando

error de lengua:
lapsus linguæ

error de procedimiento:
in procedendo

errores que motivan el recurso de casación:
in iudicando
in procedendo

¡esa extravagante opinión!:
ista sententiam!

escasa inteligencia:
beatum pauperes spiritu

es cierto porque es imposible:
certum est quia impossible est

esclarecimiento de un hecho dudoso:
fiat lux

esclavitud:
verbo sunt liberi, re servi

escritos judiciales:
dignum est escritura:
in contractibus rei veritas potius quam ...
lapsus cálami

escritura:
in contractibus rei veritas potius quam ...
lapsus cálami

escuchar a ambas partes:
audi alteram partem

es feo elogiarse a sí mismo:
deforme est de se ipso predicare

esfera patrimonial:
ablatio

esfuerzo mañoso:
quacumque

es injusto, sin haber examinado toda la ley, juzgar sólo sobre la base de una disposición para pretender interpretarla integralmente:
incivile est, nisi tota lege perspecta, una ...

es justo:
dignum est

es lícito rechazar la violencia mediante la violencia:
vim vi repellere licet

espacio de tiempo en que un Estado no tiene soberano:
interregnum

España:
numerus apertus

esperanza:
nil desperandum

espíritu:
beatum pauperes spiritu

esponsales:
affinitas est civile vinculum ex ...

espontaneidad:
nemo contra se sponte agere censetur

esposos:
affectio maritalis

es propio del hombre equivocarse:
errare humánum est

estado:
condicio

Estado:
iure imperii

estado de certeza afirmativa que, alejándolo al juez de toda duda, destruya el estado de inocencia del reo:
in dubio pro reo

estado de inocencia:
in dubio pro reo

Estado parlamentario:
interregnum

estados de ánimo que realzan una conversación o comunicación personal:
id quod dicitur, fit motu conditus

estafador:
establishment:
ne varietur
versutus

está permitido repeler la violencia con la violencia:
licet vim vi repellere

estar a disposición de todos:
in medio esse

estilo:
magna verba

esto es:
id est

etapas:
an debeatur

etcétera:
et cætera

eternamente:
ad vitam æternam

eternidad:
ab æterno

eventualmente:
ad eventum

evicción:
naturalia negotii

exacciones ilegales:
metu publicæ potestatis

exactitud literal:
ad pédem litteræ

excepcional:
exceptio firmat regulam

excepción de contrato no cumplido:
exceptio non adimpleti contractus

excepción de la verdad:
exceptio veritatis

excepción de negligente defensa:
exceptio mali processus

excusa del derecho:
ignorantia iuris non excusat

excusa por la ignorancia de hecho:
ignorantia facti, non iuris excusatur

exégesis inoperante del derecho:
ius et utile, unum atque ídem

existencia:
cogito, ergo sum

existencia del delito:
corpus delicti

existencia de una cosa:
indicium

expediente judicial:
apud acta
inquisitio

experiencia:
a priori

experimentos:
in vitro
in vivo

experto oficial:
ex officio

explicación:
contrario sensu

exponerse al peligro:
ad periculum opponi

expresión de conceptos:
breviloquens

expresión de deseo:
ad multos annos

expresión de franqueza y sinceridad:
ab imo péctore
ex animo

expresión del rostro o de las manos:
id quod dicitur, fit motu conditus

expresiones teñidas de sencillez y veracidad:
ex animo

expresión judicial:
ut dixerat

expresión muerta:
vox mortua

expresión teatral:
Deus ex máchina

expresión viva:
vox viva

exteriorización de la verdad:
in lucem suscipi

extinción de la acción:
actioni semel exstincta non reviviscit

extinción de la pena:
defuncto eo qui reus fuit criminis, et ...

extinción de las obligaciones:
animus novandi

¡extravagante opinión!:
ista sententiam!

extremo:
ad ultimum animo contendere

extremo al que puede llegar una cosa:
máximum

F

facilitar el tiempo necesario para defenderse:
accommodare ad orandam litem tempus

facultades del juez:
in limine litis

facultades del tribunal de alzada:
favor rei

facultad natural de hacer lo que plazca, excepto que la prohíba la fuerza o el derecho:
libertas est naturalis facultas eius quod ...

fallo judicial:
in dubio pro reo

falsedad:
aliud est mentiri, aliud dicere mendacium
fictus testis
hábeas data

falso:
pseudo

falsos delitos:
calumniari est falsa crimina intendere

falso testigo:
fictus testis

falso testimonio:
nullus idoneus testis in re sua intelligitur

falta:
ad vitam aut culpam

falta de aplicación o inobservancia de una ley, que implica su derogación de facto:
desuetudo

falta de conocimiento:
ignotus

falta de franqueza:
aliud clausum in pectore, aliud promptum ...

fama:
ignobilis

familia:
favor matrimonii

farsa:
acta est fabula

favor:
bis dat qui cito dat

favorecedor del delito:
fautor delicti

fecha aproximada de acontecimiento de un hecho:
circa

felicidad:
beate et honeste vivere
beatum pauperes spiritu

feliz quien pudo conocer las causas de las cosas:
felix qui potuit rerum cognoscere causas

fe pública:
affidavit

feto:
infans conceptus pro nato habetur quotiens ...

ficción:
fictio cessat ubi veritas locum habet

fidelidad:
in officio esse

filiación:
exceptio pluribus concubium

final:
usque ad finem

final de la farsa:
acta est fabula

final de una obra:
addendum

finalizado el servicio, cesan sus deberes:
finito officio, cessant onera officii

fin determinado:
ad hoc

fiscal:
inquisitor
quæsitor

fisco:
fiscus non solet satisdare
in dubio magis contra fiscum est respondendum

flota sin hundirse:
fluctuat nec mergitur

forma de gobierno:
nec ulla deformior species est civitatis

formalidad legal:
actus omissa forma legis corruit
ad probationem
ad solemnitatem
formæ dant esse rei

formalmente pobre:
in forma pauperis

forma peyorativa:
in anima vili

foro:
usus fori

fortuna:
audaces fortuna iuvat

forzar el espíritu de la ley:
non dubium est, in legem committere eum, ...

fractura:
effracta

franqueza:
ab imo péctore
aliud clausum in pectore, aliud promptum ...

frases pomposas:
magna verba

fraude:
consilium fraudis
fraus omnia corrumpit
non facit fraudem qui facit quod debet

frente a:
versus

frente a frente:
córam loqui

frutos:
bonæ fidei possessor suos facit fructus ...

fuente de la información:
dixit

fuera de la ciudad:
extra muros

fuera de la ley:
extra legem

fuera del comercio:
extra commercium

fuera de lo acostumbrado:
extra consuetudinem

fuera de lo peticionado:
extra petitio

fuera del orden o común modo de obrar:
ista sententiam!

fuerza:
agere aliquid pro viribus
licet vim vi repellere
ultima ratio
vis
vim vi repellere licet

funcionario:
ad hoc
affidavit
ex opere operato

funcionario judicial:
de visu

funcionario público:
metu publicæ potestatis

funcionario que se cuida de recibir donativos:
timeo danaos et dona ferentes

fundamentación del recurso:
in forma pauperis

fundamento de la sentencia:
auctoritate sua
dictum

fundamento de la sociedad:
favor matrimonii

furia o violencia de los elementos de la naturaleza:
ab irato

G

galas retóricas:
magna verba

ganancias:
animus lucrandi
æquum est, ut cuius participavit ...

ganar un pleito:
iudicium vinco

garantía constitucional:
ex post facto
nulla poena sine iudicio
nullum crimen, nulla poena sine prævia lege

garantía de evicción:
naturalia negotii

gastos funerarios:
æquum accipitur ex dignitate eius, qui ...

generalidad:
exceptio firmat regulam
lex generalis

género:
genus nunquam perit

gente de mal vivir:
non sancta

Geórgicas:
labor omnia vincit improbus

gesto:
id quod dicitur, fit motu conditus

gloria de Dios:
ad maiorem Dei gloriam
laus Deo

gobierno:
nec ulla deformior species est civitatis

gracias a Dios:
Deo gratias

graduado en ambos derechos:
in utroque iure

graduado universitario que ingresa a otra universidad, al mismo nivel, sin previo examen:
ad eundem gradum

gran dificultad:
magna difficultas impossibilati æquiparatur

gran duración de una cosa:
in sæcula sæculorum

gratuidad:
donatio
gratuitum debet esse commodatum

grupo de ideas o imágenes sugeridas por un solo estímulo:
nexus

grupo de seres que poseen características comunes:
et hoc genus omne

guerra:
casus belli

H

hábil para engañar:
versutus

hablando en este sentido:
in eam rationem loqui

hablar cara a cara:
córam loqui

hablar en favor del reo:
dicere ab reo

hacer algo de nuevo:
de novo

hacer algo legalmente:
feci, sed iure feci

hacerlo partícipe a uno:
aliquem vocare in partem

hacer una acción buena:
bene facere

hacer una cosa en la medida de sus fuerzas:
agere aliquid pro viribus

hacia las estrellas:
ad astra

ha dicho:
dixit

hágase:
fiat

hágase la luz:
fiat lux

hago para que des:
facio ut des

hago para que hagas:
facio ut facias

halago:
blandus amicus

hasta el fin:
usque ad finem

hasta el final:
ad finem

hasta el infinito:
ad infinitum

hasta el punto de causar náuseas:
ad nauseam

hasta el último día:
ad extremum diem

hasta el valor:
ad valórem

hasta un cierto punto:
quadamtenus

hay confusión, cuando el deudor y el acreedor forman una misma persona:
confusio est cum debitor et creditor una ...

hay una condición imposible cuando la naturaleza impide que ella se cumpla:
impossibilis condicio habetur cui natura ...

hecho:
ex facto oritur ius
factum
factum infectum fieri nequit
ubi factum requiritur, verba non sufficiunt

hecho del dependiente:
ex qua persona qui lucrum capit, eius ...

hecho dudoso:
fiat lux

hechos negativos:
difficilioris probationis

hechos notorios:
notoria non egent probatione

hechos propios:
nullus idoneus testis in re sua intelligitur

hechura legal:
feci, sed iure feci

heredero:
actiones in personam
heredem eiusdem potestatis iurisque ...
heredem non sequitur

herencia:
cretio
heredem non sequitur
hereditatis petitio
intra vires hereditatis

hermenéutica:
inciville est, nisi tota lege perspecta, una ...
ius et utile, unum atque ídem

hijos:
axis mundi
favor filiorum matrimonii

historia:
historia nuntia vetustatis
in illo témpore

historial:
currículum vitæ

H. N. S.:
heredem non sequitur

hombre:
homo homini lupus
errare humánum est

hombre célebre:
homo splendidus

hombre de bien que sabe hablar:
vir bonus, dicendi peritus

homicidio:
animus necandi

honestidad:
beate et honeste vivere

honor:
honoris causa

honorario:
ad honorem

honradez:
conscientia bene actæ vitæ

hora:
ante merídiem

Horacio *Quintus Horatius Flaccus***:**
adhuc sub iudice lis est
æquam servare mentem
carpe diem
nil desperandum

hostilidad de la contraparte:
cum aliquo pugnare

hurto:
ablatio
amotio
contrectatio
furtum usus
illatio

hurto impropio:
furtum usus

I

ideal:
desiderátum

ideas en las obras ajenas:
doctus cum libro

ignorancia de hecho:
ignorantia facti

ignorancia de hecho excusable:
ignorantia facti, non iuris excusatur

ignorancia de la ley:
nemo censetur ignorare legem

ignorancia del derecho:
ignorantia iuris

ignorancia del derecho no es excusable:
ignorantia iuris non excusat

ignorante:
ignotus

ignoto:
ignobilis

igualdad:
audiatur altera pars

ileso:
indestrictus

ilimitado:
ad infinitum

ilustre:
homo splendidus

imagen verdadera:
vera efigies

imparcialidad:
nemo esse iudex in sua causa potest

imposibilidad:
magna difficultas impossibilati æquiparatur

imposibilidad de cópula perfecta:
coeundi

imposibilidad de procreación:
generandi

imposibilidad física:
ad imposibilia nemo tenetur
agere aliquid pro viribus

imposibilidad jurídica:
ad imposibilia nemo tenetur

imposible:
certum est quia impossible est

imposible condición:
impossibilis condicio habetur cui natura ...

impotencia:
coeundi
generandi

imprudencia:
lex artis

impuestos:
nullum tributum sine lege

impugnación de la sentencia:
ius novarum
novum iudicium
reductio ad absurdum

impulso procesal:
ex officio

imputación de falsos delitos:
calumniari est falsa crimina intendere

imputación del hecho:
actio libera in causa

imputación traicionera:
tu quoque, fili?
indicta causa

imputado:
indicta causa

inaceptable:
nequáquam

inadmisibilidad del proceso decisorio:
nemo iudex sine actore

inaudito:
inauditus

incapaces:
contra non valentem agere non currit ...

incapaz de derecho:
alieni iuris

incertidumbre:
in dubio

inconstante:
versatilis

incumbencia probatoria:
actori incumbit probatio
afirmanti incumbit probatio

incumplimiento en las obligaciones:
actio damni infecti
damnum emergens
exceptio non adimpleti contractus

incurable:
insanabilis

indemnización:
actio damni infecti

indicación para que el lector acuda a otro párrafo o página que se halla ubicado más adelante:
ut infra

indica que es procedente de la misma cosa:
indidem

indica que la referencia a un texto está al final de un párrafo o de una página:
in fine

índice:
index

indicio:
indicium

individualmente:
ut singuli

individuo:
ad hominem

inestabilidad personal:
varium et mutabile

infamia:
existimatio

información confiable:
certis auctoribus aliquid comperisse

información previa:
de vita et móribus

informal:
in forma pauperis

informes verbales:
in voce

ingestión de bebidas alcohólicas:
in vino veritas

injuria:
iniuria

injurias:
animus iniuriandi
exceptio veritatis

injusticia:
deterrere ab iniuria
iniustitia
iuris exsecutio non habet iniuriam

inmediatamente:
incontinenti
ipso facto

inmigración:
ius soli

inmueble:
ad mensuram

innecesaria declaración judicial:
ipso facto
ipso iure

innovación:
*minime sunt mutanda, quæ interpretatio-
nem ...*

inocencia:
argumentum ad innocentiam

inocuo:
innocuus

inofensivo:
innocuus

inquisidor:
inquisitor

insigne:
homo splendidus

inspección judicial:
de visu

inspección ocular:
in situ

Instituta:
actio nihil allud est quam ius persequendi ...

instrucción del sumario:
inquisitio

instructor:
inquisitor

instrumentos públicos:
acta publica probantia per ipsas

intacto:
indestrictus
innocuus

íntegro en lo que se refiere a un texto:
in extenso

inteligencia:
beatum pauperes spiritu

intención:
ad astra
adipiscimur possessionem corpore et ...
animus
animus domini
animus rem sibi habendi
consilium fraudis
ex professo

intención del legislador:
verba cum effectu sunt accipienda

interés:
blandus amicus

intereses comunes:
consortium

interinidad:
ad ínterim

interpretación:
contrario sensu

interpretación de la ley:
in apicibus iuris
incivile est, nisi tota lege perspecta, una ...
in claris cessat interpretatio
in terminis
ius et utile, unum atque ídem
*minime sunt mutanda, quæ interpretatio-
nem ...*
*non dubium est, in legem committere
eum, ...*
*ubi lex non distinguit, nec nos distinguere
debemus*
verba cum effectu sunt accipienda

interpretación de la ley penal:
in poenalibus causis benignius interpretandum est

interpretación de las normas legales:
favor libertatis
favor matrimonii

interpretación de los contratos:
clausulæ repugnantia semper capienda est ..
cum in verbis nulla ambiguitas est, non ...
commodum eius esse debet, cuius periculum est
in claris cessat interpretatio
in contractibus rei veritas potius quam ...
in conventionibus contrahentium voluntatem ...
in obscuris inspici solet quod verosimilius ...

interregno:
interregnum

interrupción:
interrumpére

intervención en un acto jurídico por encargo y provecho de otro:
interpósita persona

intervención por encargo y provecho de otro:
interpósita persona

introducción de nuevas pretensiones jurídicas mediante un recurso:
ius novarum

introducir o apoyar vigas y tirantes en la pared del vecino:
tigna intimenda

introito:
breviter faciam
introitus

invalidez de la condición:
ad imposibilia nemo tenetur

investigador:
inquisitor

ira:
dies iræ

ir de mal en peor:
versura solvere

irretroactividad:
ex nunc

J

juez:
ad hoc
ad honorem
adhuc sub iudice lis est
ad quem
ad vitam aut culpam
alicui honesta petendi satisfacio
a quo
auctoritate sua
cuius est condere, legem eius est abrogare
da mihi factum, dabo tibis ius
deterrere ab iniuria
de visu
difficilioris probationis
dispendia moræ
in limine litis
in medio esse
iudex a quo
iudex secundum allegata et probata a partibus ...
iudicare incognita re
iura novit curia
nemo esse iudex in sua causa potest
nemo iudex sine actore
recta sapiens
ut dixerat

juez de instrucción:
inquisitor
quæsitor

juez del lugar:
locus delicti commissi

juez natural:
ex post facto

juicio imparcial:
incorruptum iudicium

juicio ímprobo:
iudicium improbum

juicio previo:
nulla poena sine iudicio
nullum crimen, nulla poena sine prævia
lege

**juicio que habiendo sido presentado
como verdadero y real, la sentencia
lo pone al descubierto como ficticio:**
fictio cessat ubi veritas locum habet

juicios que han resultado ser una farsa:
acta est fabula

juramento:
nihil penitus tam in administratione posi-
tis, ...

**jurídicamente, la madre siempre es
cierta:**
mater in iure, semper certa est

jurisconsulto:
consultus iuris
responsa prudentium

jurisdicción:
iurisdictio

jurisdicción interviniente:
forum arresti

jurisprudencia:
inauditus
minime sunt mutanda, quæ interpretatio-
nem
ut dixerat

justicia:
iudicare incognita re
ius dicere
iustitia est constans est perpetua voluntas ...

justiciable:
de visu
desperationem afferre alicuius rei
nemo iudex sine actore

Justiniano:
actio nihil allud est quam ius persequendi ...

Juvenal *Decimus Iunius Iuvenalis***:**
vitam impendere vero

juzgar:
audi alteram partem
auctoritate sua

**juzgar con precipitación, sin conoci-
miento suficiente o con ideas preconcebidas:**
iudicare incognita re

juzgar con prudencia:
recta sapiens

juzgar por las apariencias:
non turba sed factum in turba puniendum est

juzgar rectamente:
recta sapiens

**juzgar según lo alegado y probado
por las partes:**
iudex secundum allegata et probata a par-
tibus ...

juzgar sin conocimiento de causa:
iudicare incognita re

L

la afinidad no tiene grados:
gradus affinitati nulli sunt

**la afirmativa respecto a uno, importa
la negativa de los demás:**
qui de uno dicit de altero negat ...

la causa del pedido:
causa petendi

**la compensación es la interna unión
de un crédito y una deuda:**
compensatio est debiti et crediti inter se ...

la confesión es la reina de las pruebas:
confessio est regina probationum

la confesión no debe dividirse:
confessio dividi non debet

la confesión sólo perjudica al confesante:
confessio soli confitenti nocet

la convención otorga fuerza de ley al contrato:
conventio legem dat contractui

la convención perfecciona la venta:
conventio perficit emptionen

la convicción de haber vivido honradamente:
conscientia bene actæ vitæ

la corrupción del mejor, es la peor:
corruptio optimi pessima

la cosa habla por sí misma:
res ipsa loquitur

la costumbre inveterada, no sin razón, se guarda como ley:
inveterata consuetudo, pro lege non ...

la costumbre que se prolonga en el tiempo tiene fuerza de derecho y de ley, en ausencia de una ley escrita:
diuturna consuetudo pro iure et lege in ...

la cuestión planteada sigue sin resolverse:
adhuc sub iudice lis est

la culpa grave es ciertamente comparable con el dolo:
lata culpa plane dolo comparabitur

la culpa grave es excesiva negligencia, esto es no comprender lo que todos comprenden:
lata culpa est nimia negligentia, id est ...

ladrón:
invito domino

la "Eneida":
ab uno disce omnes
audaces fortuna iuvat
famat volat

sic itur ad astra
sunt lacrimæ rerum
timeo danaos et dona ferentes
varium et mutabile

la excepción confirma la regla:
exceptio firmat regulam

la excepción prueba la regla:
exceptio probat regulam

la existencia de la condición se retrotrae al inicio del negocio:
condicio existens ad initium negotii ...

la experiencia enseña:
experientia docet

la fama vuela:
famat volat

la ficción cesa cuando aparece la verdad:
fictio cessat ubi veritas locum habet

la herencia no es otra cosa que la sucesión en la universalidad de derecho que hubiera tenido el difunto:
hereditas nihil aliud quam successio in ...

la herencia no puede aceptarse en parte:
hereditas pro parte adiri nequit

la historia es la mensajera del pasado:
historia nuntia vetustatis

la ignorancia de hecho es excusable:
ignorantia facti, non iuris excusatur

la ignorancia de la ley no exime de su cumplimiento:
nemo censetur ignorare legem

la ignorancia del derecho no es excusable:
ignorantia iuris non excusat

la justicia es la constante y perpetua voluntad de dar a cada uno su derecho:
iustitia est constans est perpetua voluntas ...

la letra mata, el espíritu vivifica:
littera occidit, spiritus vivificat

la ley es dura, pero es la ley:
dura lex, sed lex

la ley general posterior no deroga la anterior especial:
lex posterior generalis non derogat priori speciali

la ley tal como debería ser:
de lege ferenda

la ley tal como es:
de lege lata

la libertad es la facultad natural de hacer lo que plazca, excepto que la prohíba la fuerza o el derecho:
libertas est naturalis facultas eius quod ...

la madre siempre es cierta:
mater in iure, semper certa est

la mente:
ego

la mora es el injustificado retraso en el cumplimiento de la obligación:
mora est iniusta dilatio in adimplenda obligatione

la negligencia de uno, no puede perjudicar la diligencia del otro:
alterius aut negligentia, qui diligens ...

la nulidad es la que ningún efecto produce:
nullum est quod nullum effectum producit

la obligación se extingue por la confusión como por el pago:
obligatio extinguitur per confusionem vel solutionem...

la ocasión hace al ladrón:
invito domino

la palabra convención es genérica y es aplicable a toda especie de negocio o de cláusula que las partes tengan en mira:
verbum conventionis ad omnia de quibus ...

la pena del delito no se aumenta por el tiempo que pasó después de cometido:
numquam ex post facto crescit præteriti ...

la posesión se adquiere con el hecho y con el ánimo y no separadamente con la sola intención o con el solo cuerpo:
adipiscimur possessionem corpore et ...

la prescripción no corre contra quienes no pueden actuar en justicia:
contra non valentem agere non currit ...

la prueba del dolo incumbe al acreedor:
dolus non præsumitur

la prueba incumbe a quien afirma:
afirmanti incumbit probatio

la prueba incumbe a quien afirma, no a quien niega:
ei incumbit probatio qui dicit, non qui negat

la salvación está en la ley:
in legibus salus

las condiciones que se insertan contra las buenas costumbres, deben tenerse por no escritas:
condiciones, quæ contra bonos mores ...

las cosas deben ser apreciadas no por la cantidad, sino por la calidad:
non numero haec iudicantur, sed pondere

la servidumbre que impone la obligación de no edificar más allá de cierta altura:
non altius tollendi

las formas dan el ser a la cosa:
formæ dant esse rei

las leyes miran al futuro, no al pasado, excepto que en ellas se haga referencia nominal a lo pasado:
leges respiciunt futura, non præterita ...

las leyes posteriores derogan las anteriores, si son contrarias:
leges posteriores priores contraria abrogant

las leyes posteriores integran las anteriores, si no se le oponen:
leges posteriores ad priores pertinent, nisi...

las más altas cumbres que dividen aguas:
divortium aquarum

la sospecha acompaña siempre a las acciones de los malvados:
improbum facta suspicio insequitur

las palabras deben ser interpretadas para darles eficacia:
verba cum effectu sunt accipienda

las palabras vuelan, lo escrito permanece:
verba volant, scripta manent

la suerte está echada:
alea iacta est

la transacción tiene el valor de la cosa juzgada:
transactio est instar rei iudicatæ

laudo:
arbiter nihil extra compromissum facere potest

laudo arbitral:
imperium

la última edad:
ultimus tempus ætatis

la última razón:
ultima ratio

la ventaja debe ser para quien corre el riesgo:
commodum eius esse debet, cuius periculum est

la verdad en el vino:
in vino veritas

la verdad no podrá hallar un sitio en el cual pueda detenerse:
veritas locum, ubi consistat, reperire non poterit

la virtud está en el medio:
in medio stat virtus

la voz del que clama en el desierto:
vox clamantis in deserto

lealtad procesal:
iudicium improbum

legislación adoptada por los países de inmigración:
ius soli

legislador:
cuius est condere, legem eius est abrogare
verba cum effectu sunt accipienda

legitimación activa:
legitimatio ad causam

legitimación para accionar:
legitimatio ad causam

legitimación para estar en juicio:
legitimatio ad processum

legítimas nupcias:
iustæ nuptiæ

lenguaje escrito o hablado:
magna verba

lenguaje gestual:
id quod dicitur, fit motu conditus

lentitud judicial:
desperationem afferre alicuius rei

ley:
contractus ex conventionis lege ...
conventio legem dat contractui
cuius est condere, legem eius est abrogare
desuetudo
diuturna consuetudo pro iure et lege in ...
dura lex, sed lex
ex lege
extra legem
intra legem
inveterata consuetudo, pro lege non ...
lex
lex statuit de eo quod plerumque fit

ubi lex non distinguit, nec nos distinguere debemus
ubi lex voluit dixit, ubi noluit tacuit
videntur barbaros esse eos qui ab aliquibus ...

ley anterior:
lex posterior generalis non derogat priori speciali

ley del arte:
lex artis

Ley de las XII Tablas:
Duodecim tabulæ

ley del lugar:
lex loci

ley del lugar de celebración:
locus regit actum

ley del lugar de ejecución:
lex loci executionis

ley del lugar de la cosa:
lex rei sitæ

ley del lugar del contrato:
lex loci contractus

ley del tribunal en el asunto sometido a su jurisdicción:
lex fori

ley derogatoria:
lex posterior generalis non derogat priori speciali

ley 19.134:
adoptio non ius sanguinis, sed ius ...

leyes:
leges

ley especial:
lex posterior generalis non derogat priori speciali

ley general:
lex generalis
lex posterior generalis non derogat priori speciali

ley posterior:
leges posteriores ad priores pertinent, nisi ...
lex posterior generalis non derogat priori speciali

ley previa:
nulla poena sine iudicio
nulla poena sine lege
nullum crimen, nulla poena sine prævia lege
nullum tributum sine lege

ley singular:
lex singularis

ley vigente:
de lege lata

liberación del deudor:
debitor speciei liberatur interitu rei

liberalidad:
animus donandi

libertad:
favor libertatis
in dubio pro libertate
libertas est naturalis facultas eius quod ...
verbo sunt liberi, re servi

libertad de elección:
eligendi optionem dare alicui

librarse de riesgo o de peligro mediante el cumplimiento de la ley:
in legibus salus

libros de comercio:
nemo propria manu sibi debitorem adscribit

límite:
non plus ultra

límite a que puede llegar una cosa:
máximum

límite inferior o extremo a que se puede reducir una cosa:
mínimum

límites:
divortium aquarum

límites de la ley:
intra legem

línea:
nulla dies sine linea

línea de conducta:
via vivendi

literalidad de la ley:
non dubium est, in legem committere eum, ...

literalmente:
ad litteram

litigante temerario:
improbus litigator

litigio:
ad finem
ad litem
curator ad litem
quadamtenus

litigio interminable:
desperationem afferre alicuius rei

litigio pendiente de resolución:
adhuc sub iudice lis est

litiscontestación:
litis contestatio

llevar una vida feliz y honesta:
beate et honeste vivere

lo accesorio cede a lo principal:
accessio cedit principali

lo accesorio no rige, sino que sigue a su principal:
accessorium non ducit, sed sequitur ...

lo accesorio se incorpora al suelo:
accessio solo cedit

lo accesorio sigue a lo principal:
accessorium sequitur principali

lobo para el hombre:
homo homini lupus

loc. cit.:
loco citato

lógico:
iter

lo hice, pero se hizo conforme al derecho:
feci, sed iure feci

lo más digno de ser apetecido:
desiderátum

lo más grande:
máximum

lo mismo:
ídem

lo que abunda no daña:
non solent quæ abundant vitiare scripturas

lo que abunda no suele viciar las escrituras:
non solent quæ abundant vitiare scripturas

lo que debe agregarse:
addendum

lo que se debe:
an debeatur

lo que se dice de uno, se niega del otro, etc.:
qui de uno dicit de altero negat ...

lo que se hace o sucede en el momento conveniente:
in témpore

lo que sigue:
et sequentia

los argumentos finales son reemplazados por la fuerza:
ultima ratio

los hechos notorios no es necesario probarlos:
notoria non egent probatione

lo siguiente:
et sequentia

los jueces deben evitar el dispendio jurisdiccional:
dispendia moræ

luchar con uno:
cum aliquo pugnare

Lucrecio *Titus Lucretius Carus:*
ex nihilo nihil fit

lucro:
nemo debet lucrari ex alieno damno

lucro cesante:
id quod interest vel quanti non solum ex damno ...
lucrum cessans

luego:
ergo

lugar:
lex rei sitæ
loco citato

lugar común:
locus communis

lugar de celebración:
locus regit actum

lugar de comisión del delito:
locus delicti commissi

lugar de ejecución:
lex loci executionis

lugar del contrato:
lex loci contractus

lugares no poblados:
extra muros

lugares públicos:
loca communia

lugar poblado:
intra muros

lugar seguro:
illatio

M

Macrobio *Ambrosius Macrobius Theodosius:*
experientia docet

madre hay sólo una:
mater in iure, semper certa est

madre nutricia:
alma máter

magistral:
ex cáthedra

mal:
dignoscere rectum

mala praxis:
inscitia
ultra posse nemo obligatur

maledicencia:
advocati non ultra quam litium poscit ...

malicia:
ex malitia nemo commodum habere debet
improbum facta suspicio insequitur
nocentia

mal menor:
ex malis eligere minima oportet
minima de malis

mandato:
fiat
mandatum solvitur morte
mandatum speciale derogat generali

manera de vivir:
de vesperi suo vivere

manifestar una opinión puramente personal:
meo quidem animo

mantener la mente tranquila:
æquam servare mentem

manuscrito:
cetera desunt

maquiavelismo:
qualibet

marcha atrás:
vade retro

más adelante en el mismo texto:
ut infra

más arriba:
ut supra

más de lo pedido:
ultra petitio

matar:
animus necandi

materialidad del delito:
corpus delicti

maternidad:
exceptio pluribus concubium
mater in iure, semper certa est

matrimonio:
affectio maritalis
coeundi
favor filiorum matrimonii
favor matrimonii
generandi
nuptias non cuncubitus sed consensus facit
nuptiæ sun coniunctio maris et feminæ, ...

matrimonio en la hora de la muerte:
in artículo mortis

matrimonio legítimo:
iustæ nuptiæ

máximo:
máximum

medicina:
in anima vili

medidas cautelares:
non audita altera pars

medidas de un inmueble:
ad mensuram

medidas precautorias:
ad cautélam

forum arresti
fumus boni iuris

medio de prueba unilateral:
nemo propria manu sibi debitorem adscribit

mediodía:
ante merídiem

medio empleado por el mal funcionario público para obtener de los particulares exacciones indebidas:
metu publicæ potestatis

mejor derecho:
prius témpore, potior ius

memoria:
bonæ memoriæ

menor cantidad:
actio quanti minoris

menor petición:
minor petitio

menoscabo:
capitis diminutio

mensajera del pasado:
historia nuntia vetustatis

mente sana en cuerpo sano:
mens sana in corpore sano

mentir a medias:
unum et ídem

mentiras:
aliud est mentiri, aliud dicere ...

mentir del todo:
unum et ídem

mentiroso:
mendacem memorem esse oportet

merecedor:
accipiens

mero arbitrio del juzgador:
auctoritate sua

método:
codex

mezcla de cosas heterogéneas:
mixti fori

mínimo:
mínimum

mi otro yo:
álter ego

modelo vivo:
ad vivum

moderación:
ne quid nimis

Modestino:
in dubio magis contra fiscum est respon-
dendum

modificación jurídica:
ipso facto
ipso iure

modo de actuar:
modus operandi

modo de hacer:
modus operandi

modo de vivir:
modus vivendi

modo habitual de vivir:
consuetudo vitæ

momento:
dies ad quem computatur in termino
dies a quo

momento conveniente:
in témpore

momento de consumación del delito
de hurto:
ablatio

mora:
casus fortuitus a mora excusat
mora accipiendi
mora est iniusta dilatio in adimplenda
obligatione

mora solvendi
nulla intelligitur mora ibi fieri, ubi ...

moribundo:
in artículo mortis

mostrarse en público:
córam pópulo

motivación:
ad effectum videndi et probandi
dictum

motivo:
causa movens

móvil:
do ut des

muchedumbre de gente:
non turba sed factum in turba puniendum
est

mucho en pocas palabras:
multa paucis

mucho temor:
timor multus

muerte:
mandatum solvitur morte

muerto quien fue reo de un crimen,
también se extingue la pena:
defuncto eo qui reus fuit criminis, et poena ...

muerto sin descendencia:
obiit sine prole

muerto sin testar:
abintestato

multitud confusa de cosas:
mare mágnum

mundanal ruido:
beatus ille qui procul negotiis

mundo:
ubi terrarum sumus?

murió sin descendencia:
obiit sine prole

N

nacido:
natus

nacimiento:
infans conceptus pro nato habetur quotiens ...
in lucem suscipi
ius soli

nada a la cosa:
nihil ad rem

nada con demasía:
ne quid nimis

nada hay nuevo bajo el sol:
nihil novum sub sole

nada obsta:
nihil obstat

nada puede crearse de la nada:
ex nihilo nihil fit

nada que ver:
nihil ad rem

nadie actúa espontáneamente contra sí mismo:
nemo contra se sponte agere censetur

nadie debe lucrar del daño ajeno:
nemo debet lucrari ex alieno damno

nadie debe renunciar al orden público:
nemo ius publicum remittere debet

nadie está obligado a acusarse a sí mismo:
nemo tenetur prodere se ipsum

nadie está obligado a lo imposible:
ad imposibilia nemo tenetur

nadie es testigo idóneo para comprender en causa propia:
nullus idoneus testis in re sua intelligitur

nadie hace daño por ejercer su derecho:
neminem lædit qui suo iure utitur

nadie puede dar lo que no tiene:
nemo dat quod non habet

nadie puede ejecutar sin título:
nemo perágere potest sine titulo

nadie puede por propia mano atribuirse un deudor:
nemo propria manu sibi debitorem adscribit

nadie puede ser compelido a hacer algo:
nemo potest coegi ad factum

nadie puede ser condenado sin ser escuchado:
nemo inauditus condemnetur

nadie puede transferir a otro más derechos de los que él mismo tiene:
nemo plus iuris ad alium transferre potest ...

nadie se hace sabio repentinamente:
nemo repente fit sapiens

natural al negocio:
naturalia negotii

naturaleza:
ab irato
impossibilis condicio habetur cui natura ...

N.B.:
nota bene

necedad:
stultorus infinitus est numerus

necesaria defensa:
necessitas defensionis

nefandario:
nefarius

negación:
nulla ratione

negar la verdad:
fictus testis

negligencia:
alterius aut negligentia, qui diligens ...
exceptio mali processus
lata culpa est nimia negligentia, id est ...
lex artis

negocio:
condicio existens ad initium negotii ...
essentialia negotii
verbum conventionis ad omnia de quibus ...

negocio jurídico:
naturalia negotii

negocios:
beatus ille qui procul negotiis

nexo:
nexus

ni un día sin una línea:
nulla dies sine linea

no amigo:
inimicus

no bienvenida:
non grata

no casada:
innupta

no comparecer a la audiencia de posiciones:
ficta confessio

noche pasada en vela:
nox lucubrata

no construir en un fundo:
non ædificandi

no culpabilidad:
innocentia

no debe castigarse la turba, sino lo hecho por la turba:
non turba sed factum in turba puniendum est

no deben aceptarse dones ni para ejercer el poder ni una vez ejercido:
dona ne capiantur neve gesta neve gerenda ...

no debo hallarme en mejores condiciones que aquel de quien el derecho pasó a mi:
non debeo melioris condicionis esse, ...

no, de ningún modo:
nequáquam

no dos veces por una misma cosa:
non bis in ídem

no emitir juicios sin el debido y fundado convencimiento:
in dubiis, ábstine

no fijando fecha para la continuación de una discusión, reunión, etc.
sine die

no haber dicho todo lo que tendría que haber expresado:
minus dictum quod cogitatum

no hace fraude quien hace lo que debe:
non facit fraudem qui facit quod debet

no hay crimen ni pena, sin ley previa:
nullum crimen, nulla poena sine prævia lege

no hay dudas que procede contra la ley quien ateniéndose a su letra, procura forzar su espíritu:
non dubium est, in legem committere eum, ...

no hay forma alguna de gobierno peor:
nec ulla deformior species est civitatis

no hay gran perjuicio en la demora de poco tiempo:
non est magnum damnum in mora modici temporis

no hay juez sin haber actor:
nemo iudex sine actore

no hay objeción:
nihil obstat

no hay pena sin juicio:
nulla poena sine iudicio

no hay pena sin ley:
nulla poena sine lege

no hay tributo sin ley:
nullum tributum sine lege

no más allá:
non plus ultra

nombramiento:
ad hoc

nombre:
nomen iuris

nominal:
nominatim

no muchas cosas, sino mucho:
non multa sed multum

no puede asumirse otra conducta que sea contradictoria con la primera:
non concedit venire contra factum proprium

no puede ser escuchado quien alega su propia torpeza:
nemo auditur propriam turpitudinem allegans

no querer cambiar nada de lo establecido:
ne varietur

no recibir absolutamente nada, tanto durante la administración del cargo como después de dejarlo, por algún beneficio prestado cuando se ejercía:
nihil penitus tam in administratione positis, ...

norma aplicable a la generalidad:
erga omnes
lex generalis

norma aplicable a un solo caso:
lex singularis

norma de conducta:
modus vivendi

norma jurídica:
in claris cessat interpretatio
lex statuit de eo quod plerumque fit

norma legal en vigencia:
de lege lata

normas:
ex nunc
ex tunc

normas generales:
erga omnes

no rotundo:
nequáquam

no santa:
non sancta

no se puede dar en pago una cosa en lugar de otra sin el consentimiento del acreedor:
aliud pro alio invito creditore solvi ...

no sigue:
non sequitur

notas adicionales:
addendum

noticia:
famat volat

noticia del crimen:
notitia criminis

no todo lo permitido es honesto:
non omne licitum honestum est

novación:
animus novandi

nuevas pretensiones jurídicas:
ius novarum

nuevo juicio:
novum iudicium

nulidad:
citra petitio

error actum irritum reddit
nullum est quod nullum effectum producit

número abierto:
numerus apertus

número cerrado:
numerus clausus

nunca desesperar:
nil desperandum

nupcias:
affinitas est civile vinculum ex ...
iustæ nuptiæ

nupcias legítimas:
iustæ nuptiæ

O

objeto preciso de la impugnación:
dictum

obligación:
duobus simul obligatis si non fuerit ...
obligatio extinguitur per confusionem vel
solutionem...

obligación de acusarse a sí mismo:
nemo tenetur prodere se ipsum

obligación de diligencia:
culpa in contrahendo

obligación de no construir en un fundo, estipulado a favor de otro, que así conserva vistas y luces mayores:
non ædificandi

obligaciones exigibles a la persona o su heredero:
actiones in personam

obligaciones puras y simples:
absque nulla condicio

obligación legal:
impossibilis condicio habetur cui natura ...
neminem lædit qui suo iure utitur

obligación que, siendo común a dos o más personas, puede ejercerse o debe cumplirse por entero por cada una de ellas:
in sólidum

obrar de las partes en el proceso:
iudicium improbum

obras que emprendidas, deben seguirse hasta el fin:
usque ad finem

observa bien:
nota bene

observar las leyes:
legem servare

obstáculo:
nihil obstat

obtención de una menor cantidad a la que se encuentra obligado el deudor:
actio quanti minoris

ocultar una cosa en su corazón y dar a entender otra cosa con la boca:
aliud clausum in pectore, aliud promptum ...

odio y amo:
odi et amo

oficialmente:
ex officio

oficio:
arare cavare

óigase a la otra parte:
audiatur altera pars

omisiones de la sentencia:
citra petitio

opinión del abogado consultor:
responsa prudentium

opinión generalizada:
communis opinio

opinión personal:
meo quidem animo

opinión pública:
hominum existimatio

oportunidad:
invito domino
actus omissa forma legis corruit

oposición:
divide et impera

oposición de dos conceptos:
versus

oposición de excepciones a sabiendas de la falta de razón o sin motivo valedero:
improbus litigator

oposición entre dos hechos:
a contrariis

orador:
vir bonus, dicendi peritus

orden:
codex
contra naturam

orden público:
nemo ius publicum remittere debet

originario de:
ab origine

o.s.p.:
obiit sine prole

oyente:
ad misericordiam

P

pacto:
ad gustum
est pactio duorum pluriumve in ídem ...

Pacto de San José de Costa Rica
ver ÍNDICE DE LEGISLACIÓN

padre premuerto:
turbatio sanguinis

pagar una deuda con un préstamo:
versura solvere

pago:
aliud pro alio invito creditore solvi ...
obligatio extinguitur per confusionem vel solutionem...

pago hecho como favor:
ex gratia

países de inmigración:
ius soli

países europeos:
ius sanguinis

palabra detestable:
improba verba

palabras:
cum in verbis nulla ambiguitas est, non ...
ubi est verborum ambigui, valet quod acti est
ubi factum requiritur, verba non sufficiunt
verba cum effectu sunt accipienda
verba volant, scripta manent

Papiano *Æmilius Papinianus***:**
in conventionibus contrahentium voluntatem ...

para afirmar un no rotundo:
nequáquam

para dar testimonio:
ad testificandum

para dejar constancia de quien proviene lo que se ha dicho:
dixit

para el juicio:
ad litem

para esto:
ad hoc

para indicar que sucede algo desde tiempo inmemorial o muy remoto:
ab initio

para juzgar con imparcialidad:
audi alteram partem

para la prueba:
ad probationem

para la solución de los conflictos tiene siempre que recurrirse a la justicia antes que a la guerra:
cedant armæ togæ

para mayor gloria de Dios:
ad maiorem Dei gloriam

para no variar:
ne varietur

para perpetuar:
ad perpétuam

para producir lucro:
de lucro captando

para que no cambie nada:
ne varietur

para recuerdo:
in memoriam

para ser probado:
ad probationem

para siempre:
ad perpétuam
per sæcula

parecer:
communis opinio

pared del vecino:
tigna intimenda

parquedad:
breviloquentis

partes:
conventio legem dat contractui patria:
alma máter

parto:
exceptio pluribus concubium

pasado:
historia nuntia vetustatis

paso sucesivo por todos los cargos desempeñados:
decursus honorum

paternidad:
turbatio sanguinis

patria familiar de origen:
ius sanguinis

patrocinio letrado:
in forma pauperis

Paulo:
adoptio non ius sanguinis, sed ius ...
leges posteriores ad priores pertinent,
nisi ...
non debeo melioris condicionis esse, ...

pena:
defuncto eo qui reus fuit criminis, et ...
nulla poena sine lege
numquam ex post facto crescit præteriti ...
ut quoeque res est turpissima, sic maxime ...

pensamiento:
cogito, ergo sum

perder las esperanzas de algo:
desperationem afferre alicuius rei

pérdida de ganancia:
damnum pati videtur, qui commodum amittit ...

pérdida de tiempo:
dispendia moræ

pérdidas:
æquum est, ut cuius participavit ...
damnum emergens

perdurar:
esto perpetua

perfección:
ad ultimum animo contendere

perito oficial:
ex officio

perjudicado por el incumplimiento en las obligaciones:
actio damni infecti

perjudicar:
animus nocendi

perjuicio:
alterius aut negligentia, qui diligens ...
confessio soli confitenti nocet
non est magnum damnum in mora modici temporis
noxa

permanencia:
ab æterno
ad multos annos

permisividad:
non omne licitum honestum est

persecución judicial:
non bis in ídem

Persio *Aulus Persius Flaccus*:
ex nihilo nihil fit

persona:
ad hominem
ad nauseam
álter ego
capitis diminutio

persona distinguida:
homo splendidus

personalidad inestable:
varium et mutabile

personalmente:
córam videre
nominatim

persona por nacer:
curator ventris
nasciturus

persona poseedora de valores:
fluctuat nec mergitur

persona que habla sin ser escuchada:
vox clamantis in deserto

persona que no goza de fama o reputación:
ignobilis

persona que por motivos concretos no es aceptada en una comunidad:
non grata

persona que se acomoda o es apta para todo:
versatilis

persona que tiene acción o derecho a pedir el cumplimiento de alguna obligación:
accipiens

personas cuyos derechos se rigen por la patria familiar de origen:
ius sanguinis

personas que incapaces de pensar por sí mismos, buscan las ideas en las obras ajenas:
doctus cum libro

persona verdadera:
vera efigies

persona ya nacida:
natus

perspicacias del derecho:
in apicibus iuris

pervivencia:
ad multos annos

petición:
alicui honesta petendi satisfacio
dignum est
infra petitio
minor petitio

petición de herencia:
hereditatis petitio

peticiones al tribunal:
usus fori

pienso, luego existo:
cogito, ergo sum

Plauto *Titus Maccius Plautus*:
homo homini lupus

plazas de número fijo o limitado en instituciones públicas o privadas:
numerus clausus

plazo:
dies ad quem
dies ad quem computatur in termino
dies a media nocte incipit
dies a quo

plazo fijo:
in diem émere

plazo incierto:
ad calendas græcas

pleito ganado:
iudicium vinco

plena fe:
acta publica probantia per ipsas

poder:
dona ne capiantur neve gesta neve gerenda...

Poder Judicial:
in medio esse

policía:
de visu

ponderar las cosas hasta el límite:
non plus ultra

poner fin a la discusión:
desitum est disputari

por causa de brevedad:
brevitatis causa

por causa de honor:
honoris causa

por causa de muerte:
mortis causæ

por casualidad:
casus

por cautela:
ad cautélam

por consiguiente:
ergo

por cualquier parte que:
quacumque

por debajo de la petición:
infra petitio

por derecho hereditario:
iure hereditatis

por donde quiera que:
quacumque

por ejemplo:
exempli gratia
verbi gratia

por el calendario griego:
ad calendas græcas

por el contrario:
a contrariis

por el cuerpo:
ad corpus

por el hecho mismo:
ipso facto

por el mismo derecho:
ipso iure

por el prolongado silencio la cosa se tiene por abandonada:
longo silentio res habetur pro derelicto

por el todo:
in sólidum

por entero:
in sólidum
in totum

por este signo vencerás:
in hoc signo vinces

por estirpe:
in stirpe

por haberlo visto:
de visu

por honor:
ad honorem

por la calidad de la persona:
intuitu personæ

por la calidad del capital aportado:
intuitu pecuniæ

por la experiencia:
a posteriori

por la fuerza de las armas o de la fuerza pública:
manu militari

por la gloria:
ad gloriam

por lo menos en opinión mía:
meo quidem animo

por lo que precede:
a priori

por lo que viene después:
a posteriori

por los siglos de los siglos:
in sæcula sæculorum

por lo tanto:
ergo

por mandarlo así la ley:
ministerio legis

por ministerio de la ley:
ministerio legis

por muchos años:
ad multos annos

por oposición a los documentos:
vox viva

por oposición al testimonio:
vox mortua

por otro nombre:
alias

por precaución:
ad cautélam

por propia autoridad:
auctoritate sua

por propia iniciativa:
motu proprio

¿por qué razón?:
quam ob rem?

por quien no es propietario:
a non domino

por semejanza:
argumentum a símili

por siempre:
ad vitam æternam

por sus medidas:
ad mensuram

por toda la vida:
ad vitam aut culpam

por todos los medios:
qualibet

por uno solo se conoce a los demás:
ab uno disce omnes

por virtud de la cosa hecha:
ex opere operato

poseedor:
bonæ fidei possessor suos facit fructus ...

poseedor aparente:
fictus possessor

poseedor de la doble autoridad de la virtud y el talento:
vir bonus, dicendi peritus

posesión:
adipiscimur possessionem corpore et ...
animus possidendi
in dubio pro possessore
in pari causa, melior est causa possidentis
verus possessor

posterior al hecho:
ex post facto

posteriormente:
a posteriori

precauciones habituales de la actividad o profesión correspondiente:
lex artis

precedente jurisprudencial:
ut dixerat

precisamente:
ad rem

precontractual:
culpa in contrahendo

preferible:
a potiori

prejuicio vulgar:
ad captandum vulgus

prejuzgamiento:
iudicare incognita re

premisas esenciales del negocio:
essentialia negotii

prescripción:
actioni non natæ non præscribitur
contra non valentem agere non currit ...

prescripción adquisitiva:
interrumpére

prescripción liberatoria:
interrumpére

presumido:
ad gloriam

presunciones:
iuris et de iure
iuris tantum

pretensión jurídica:
causa petendi
iura novit curia

primero en el tiempo:
prius témpore, potior ius

principio de un escrito o de una oración:
introitus

principios constitucionales:
in dubio pro reo
innocentia

principios que no se comprueban luego en la realidad:
in abstracto

proceder contra la ley:
non dubium est, in legem committere eum, ...

proceder o conducta de un individuo o grupo:
mores

procedimiento:
electa una via, non datur recursus ad alteram

procedimiento judicial sobre la herencia del que muere sin testar:
abintestato. Vide ab intestato.

procesado:
indicta causa

proceso constitucional:
hábeas corpus
hábeas data

proceso decisorio:
nemo iudex sine actore

proceso judicial:
ad hoc
ad finem
ad infinitum
ad litem
advocati non ultra quam litium poscit .
audi alteram partem
audiatur altera pars
iudicium improbum
qualibet

proceso judicial previo:
nulla poena sine lege

procreación:
generandi

procurador:
ad litem

profesional:
currículum vitæ
inscitia
lex artis

profesional mediocre:
arare cavare

profundo:
de profundis

prohibición de la doble persecución judicial:
non bis in ídem

prohibición legal:
libertas est naturalis facultas eius quod ...

prole:
obiit sine prole

prontamente:
incontinenti

prontitud:
bis dat qui cito dat

pronunciamientos jurisdiccionales:
erga omnes
recta sapiens

propietario:
animus domini
a non domino
ius in re
ius utendi, fruendi et abutendi

propios actos:
non concedit venire contra factum proprium

proposición:
a fortiori

propósito:
animus

propósito de bromear:
animus iocandi

propósito de dañar:
animus nocendi

propósito de donar:
animus donandi

propósito de injuriar:
animus iniuriandi

propósito de lucrar:
animus lucrandi

propósito de matar:
animus necandi

propósito de novar:
animus novandi

propósito de poseer:
animus possidendi

propósito de señorío:
animus domini

propósito de tener para sí:
animus rem sibi habendi

provecho:
animus lucrandi

provisionalmente:
ad ínterim

provocado por el dueño:
invito domino

prueba:
actore non probante reus absolvitur
ad effectum videndi et probandi
afirmanti incumbit probatio
ei incumbit probatio qui dicit, non qui negat
iudex secundum allegata et probata a partibus ...
iuris et de iure
iuris tantum
notoria non egent probatione
ubi factum requiritur, verba non sufficiunt

prueba confesional:
confessio dividi non debet

confessio est regina probationum
confessus pro iudicato habetur, qui ...

prueba de hechos negativos:
difficilioris probationis

prueba diabólica:
probatio demoniaca

prueba documental:
acta publica probantia per ipsas

prueba imposible de producir:
probatio demoniaca

prueba muy difícil:
difficilioris probationis

prueba testimonial:
vox viva

puntos de hecho y de derecho:
iter

Q

quebrado:
fortunis ómnibus exturbatus

que dura mucho tiempo:
ab æterno

que dure para siempre:
esto perpetua

que ha de nacer:
nasciturus

que ha quedado intacto:
innocuus

que ha resultado ileso:
innocuus

que no ha sido trabajado:
illaboratus

que no tiene precedentes:
inauditus

que no tiene principio ni fin:
ab æterno

que no tiene remedio:
insanabilis

que predica en el desierto:
vox clamantis in deserto

queriéndolo Dios:
Deo volente

que sirve para honrar:
ad honorem

que sucede algo desde tiempo inmemo-rial o muy remoto:
ab initio

que tengamos el cuerpo:
hábeas corpus

que tengamos los datos:
hábeas data

que tiene falta de conocimiento acerca de un tema o asunto determinado:
ignotus

que tiene los honores de una dignidad o de un empleo:
ad honorem

quiebra:
versura solvere

quien obtiene provecho de una perso-na, también debe responder del hecho de ella:
ex qua persona qui lucrum capit, eius ...

quien tiene facultades para crear una ley, también la tiene para derogarla:
cuius est condere, legem eius est abrogare

quieras o no quieras, de buen grado o por fuerza:
velis nolis

quinquenal:
quinquennium

quitar la vida:
animus necandi

R

rapidez de las noticias:
famat volat

razón que se aduce en favor de algo:
argumentum

realidad:
aliud est mentiri, aliud dicere mendacium
in abstracto

rebeldía:
in absentia
inobsequens

rebuscado:
quæsitus

rechazar la violencia mediante la violencia:
vim vi repellere licet

rechazar una persona o cosa:
ábsit
vade retro

rechazo:
apertis verbis

rechazo de la demanda:
necessitas defensionis

rechazo de peticiones por ausencia de recaudos formales:
in limine litis

reciprocidad:
affectio societatis
do ut des

reclamo:
nulla intelligitur mora ibi fieri, ubi ...

recoger los frutos:
ut sementem feceris, ita metes

recompensa:
ad testificandum

reconocimiento:
contractus ex conventionis lege ...

reconstrucción del delito:
in situ

recopilación:
compendium

recriminación inesperadamente recibida de una persona que se contaba como amiga:
tu quoque, fili?

recuerdo:
bonæ memoriæ

recurrir a la justicia antes que a la guerra:
cedant armæ togæ

recurso:
ad eventum
ad quem
a quo
favor rei
in forma pauperis
iudex a quo
ius novarum
reformatio in peius

recurso de casación:
in iudicando
in procedendo
reformatio in peius

recurso extraordinario federal:
citra petitio
reformatio in peius

redacción de la demanda:
usus fori

referencias bibliográficas:
et alii

referido al origen o al comienzo de algo:
ab initio

reforma en perjuicio del apelante:
reformatio in peius

registros públicos o privados:
hábeas data

regla:
aphorismus
commodum eius esse debet, cuius pericu-
lum est
conventio legem dat contractui
exceptio firmat regulam
exceptio probat regulam

reglas del derecho:
in his quæ contra rationem iuris consti-
tuta ...

regreso:
ad iura renuntiata non datur regressus

rehusarse a responder:
ficta confessio

relación de dependencia:
ex qua persona qui lucrum capit, eius ...

relación de derecho:
vinculum iuris

**relación entre el comienzo y el fin de
una cosa:**
finis coronat opus

remisión:
brevitatis causa
ut infra
ut supra
ut supra dictum est

renuncia al orden público:
nemo ius publicum remittere debet

renuncia de los derechos:
ad iura renuntiata non datur regressus

reo:
contra reum
defuncto eo qui reus fuit criminis, et ...
dicere ab reo
in dubio pro reo
in reatu

reparar el daño:
damnum sarcire

reparos:
advocatus diaboli

repeler la violencia con la violencia:
licet vim vi repellere

réplica:
magister dixit

reproducción escrita de lo dicho:
ad litteram

repugnancia:
ad nauseam
improba verba

reputación:
existimatio
ignobilis

requisitos:
ad solemnitatem

reseña del historial profesional:
currículum vitæ

resguardo de los intereses legítimos:
difficilioris probationis

resistencia física:
effracta

resolución de una situación crítica:
Deus ex máchina

resolución pendiente:
adhuc sub iudice lis est

**resolución tomada pero aún no dada
a conocer:**
in péctore

**respecto de la propiedad de una cosa,
la existencia de duda es a favor de
quien se encuentra poseyendo:**
in dubio pro possessore

respecto de todo:
erga omnes

responsabilidad del profesional:
inscitia
ultra posse nemo obligatur

responsabilidad por el hecho del dependiente:
ex qua persona qui lucrum capit, eius ...

respuesta:
ad rem
ficta confessio

respuesta prudente:
responsa prudentium

restricciones:
non altius tollendi

resumen de lo más selecto de una obra:
compendium

resumidamente:
uno verbo

retorcido:
contortulus

retractación:
ad iura renuntiata non datur regressus

retraso injustificado en el cumplimiento de la obligación:
mora est iniusta dilatio in adimplenda obligatione

retroactividad:
ex tunc

retroactividad de la ley:
leges respiciunt futura, non præterita ...

revocación:
ad nútum

riesgo:
audaces fortuna iuvat

rigor:
æquitas præferetur rigori
difficilioris probationis

robo agravado:
effracta

ruta:
iter

S

saber de buena fuente:
certis auctoribus aliquid comperisse

saber una cosa tan sólo de oídas:
de auditu

sabiduría:
nemo repente fit sapiens

sabio con el libro:
doctus cum libro

sacar de la esfera de custodia del dueño:
ablatio

saliéndose del asunto:
ad efesios

salir a la luz:
in lucem suscipi

salir victorioso de un proceso:
iudicium vinco

Santo Tomás de Aquino:
videntur barbaros esse eos qui ab aliquibus ...

satisfacción que se toma del agravio o daño recibidos:
vindicta

se consideran bárbaros aquellos que no se rigen por ninguna clase de ley:
videntur barbaros esse eos qui ab aliquibus ...

secretos:
intimus consiliis eorum

se debe permitir hacer lo menos, a quien puede hacer lo más:
non debet ei cui plus licet, quod minus ...

se dice de aquel que castiga la delincuencia moral:
censor morum

se entiende que no hay mora, donde no hubo reclamación:
nulla intelligitur mora ibi fieri, ubi ...

se entiende que sufre daño quien pierde una ganancia que habría podido
obtener:
*damnum pati videtur, qui commodum
amittit ...*

según el valor:
ad valórem

según la ley:
ex lege

seguridad:
extra muros
intra muros

se ha establecido que en las convenciones se observe mejor la voluntad de
los contratantes que a las palabras:
*in conventionibus contrahentium volunta-
tem ...*

semejanza:
argumentum a símili

sencillez:
ex animo

seno materno:
nasciturus

sentencia:
ad finem
an debeatur
aphorismus
a quo
citra petitio
confessus pro iudicato habetur, qui ...
contra legem
desitum est disputari
dictum
erga omnes
extra petitio
favor rei
fictio cessat ubi veritas locum habet
imperium
in dubio pro reo
innocentia
ista sententiam!
iter

ius novarum
lex singularis
quadamtenus
recta sapiens

sentencia absurda:
reductio ad absurdum

sentencia arbitraria:
auctoritate sua
contra legem
reductio ad absurdum
veri iuris umbra et imaginibus utimur

sentencia de alzada:
inauditus

sentencia final:
Roma locuta, causa finita est

sentencia paradigmática:
acta est fabula

sentencia que concede a una de las
partes más de lo peticionado:
ultra petitio

sentencia que se pronuncia sobre cuestiones no planteadas:
extra petitio

sentido de permanencia:
ab æterno

sentido en el que fueron concebidas
las palabras de un texto:
in terminis

sentido estricto del texto:
ad litteram

señoría:
ad honorem

señorío:
animus domini
dominus coeli et inferorum

será justicia:
dignum est

ser fiel a su deber:
in officio esse

servicio:
finito officio, cessant onera officii

servidumbre:
non ædificandi
non altius tollendi
tigna intimenda

sesiones de las Cortes:
interregnum

se usa en un texto para continuar, en un párrafo siguiente o aparte, con la idea que quiere desarrollarse:
in eam rationem loqui

se usa para evitar repeticiones:
ídem

signo aparente que hace posible la existencia de una cosa:
indicium

silencio:
longo silentio res habetur pro derelicto

silencio de la ley:
ubi lex voluit dixit, ubi noluit tacuit

sinceridad:
ab imo péctore
ex animo

sin comprender lo que se esperaba:
in albis

sin comprender lo que se oye:
in albis

sin condición:
absque nulla condicio

sin consideración a las personas o calidades de éstas:
intuitu pecuniæ

sin día determinado:
sine die

síndrome amor - odio:
odi et amo

sin esfuerzo:
illaboratus

sin fin:
ad infinitum

sin formación de causa:
indicta causa

sin hacer ningún comentario o sin prestar atención:
sub silentio

sin malicia:
innocentia

sin oír a la otra parte:
non audita altera pars

sin perjuicio de las normas jurídicas citadas por las partes en apoyo de sus pretensiones, el juez aplica la ley correspondiente:
iura novit curia

sin precedentes:
inauditus

sin prestar atención:
sub silentio

sin principio ni fin:
ab æterno

sin remedio:
insanabilis

sin reservas:
ex animo

sin sucesores, no hay herederos que lo sucedan al causante:
heredem non sequitur

sin testamento:
ab intestato

sin titubeos:
incontinenti

si se obligaron dos al mismo tiempo, y no se hubiere agregado que lo hacían solidariamente, se consideran tácitamente obligados por mitades:
duobus simul obligatis si non fuerit ...

sistema cerrado:
numerus clausus

situación:
condicio

sobreseimiento en la causa sin procesado alguno:
indicta causa

sobre vida y costumbres:
de vita et móribus

sobriedad:
ne quid nimis

sociedad:
æquum est, ut cuius participavit ...
affectio societatis
ubi ius, ibi societas

sociedad conyugal:
affectio maritalis
conubii societas

socios:
affectio societatis

sola una vía jurídica de solución posible:
quacumque

solidaridad:
duobus simul obligatis si non fuerit ...

soltera:
innupta

sometimiento:
conventio legem dat contractui

son libres de nombre, pero esclavos de hecho:
verbo sunt liberi, re servi

sospecha:
improbum facta suspicio insequitur

subsistencia de la obligación principal:
ad imposibilia nemo tenetur

sucesión:
abintestato
de cuius
heredem non sequitur
hereditas nihil aliud quam successio in ...
in stirpe
intra vires hereditatis
ultra vires hereditatis

suceso que no ha podido preverse o que, previsto, no ha podido evitarse:
casus

suelo de nacimiento:
ius soli

suerte:
alea iacta est

Suetonio *Caius Suetonius Tranquillus***:**
alea iacta est

sujeto que desempeña todos los menesteres:
factótum

superficialidad mundana:
vera efigies

súplica:
ad misericordiam

Suprema Corte de Justicia de Buenos Aires:
in legibus salus

Suprema Corte de los Estados Unidos de América:
et al.
et alii

surgiendo de un delito:
ex delicto

sustitución:
álter ego

sustitución de un cargo titular:
ad ínterim

T

técnica legislativa:
bis
ter
quáter
quinquies
sexies
septies
octies

tema o asunto determinado:
ignotus

temeridad:
advocati non ultra quam litium poscit ...
improbus litigator

temor suscitado por la autoridad:
metu publicæ potestatis

tenemos un acusado que confiesa:
habemus confitentem reum

tener fe:
alicui credere

tener la conciencia completamente tranquila:
nihil sibi conscire

tener mejor derecho:
prius témpore, potior ius

tener uno parte en una cosa:
aliquem vocare in partem

teoría de los propios actos:
non concedit venire contra factum proprium

tercero:
exceptio mali processus

tercero imparcial:
nemo esse iudex in sua causa potest

término:
dies ad quem
dies ad quem computatur in termino
dies a quo non computatur in termino

tesis doctoral:
cum laude

testaferro:
interpósita persona

testamento:
in extremis

testigo falso:
fictus testis

testigo incorruptible:
incorruptus testis

testigo que depone sobre hechos propios mediante declaración inexacta:
nullus idoneus testis in re sua intelligitur

testigos:
dicere ab reo

testigos de oídas:
de auditu

testigos venales:
ad testificandum

testimonio:
aliud est mentiri, aliud dicere mendacium
de auditu

texto:
ad litteram
et sequentia

tiempo de cinco años:
quinquennium

tiempo de pervivencia:
ad multos annos

tiempo necesario para defenderse:
accommodare ad orandam litem tempus

titular del derecho:
legitimatio ad causam

título:
a non domino

título de la ejecución:
nemo perágere potest sine titulo

tocamiento:
contrectatio

todas las cosas cuya enajenación fuere expresamente prohibida o dependiente de una autorización pública:
extra commercium

todo el derecho lo creó el consentimiento, lo instituyó la necesidad, o lo estableció la costumbre:
omne ius, aut consensus, fecit aut...

todo impuesto debe ser creado por una ley previa:
nullum tributum sine lege

todo lo que se quiera:
quamlibet

tomar contacto directo con las personas o con las cosas:
de visu

tormenta:
ab irato

torpeza:
nemo auditur propriam turpitudinem allegans

tosquedad:
arare cavare

traba de la litis:
litis contestatio

trabajando sin descanso:
nox lucubrata

trabajo fácil:
illaboratus

trabajo ímprobo:
labor omnia vincit improbus

tranquilidad:
æquam servare mentem
æquo animo

tranquilidad de conciencia:
nihil sibi conscire

transferencia:
alienato est omnis actus, per quem ...

transferencia de los derechos:
nemo plus iuris ad alium transferre potest ...

transformación de una obligación en otra:
animus novandi

transgresión negligente de las precauciones habituales de la actividad o profesión correspondiente:
lex artis

transmisión de los derechos:
inter vivos
mortis causæ

trascendencia jurídica:
infans conceptus pro nato habetur quotiens ...

tribunal:
iudex a quo

tribunal correspondiente al demandado:
actor sequitur forum rei

tribunal de alzada:
favor rei

tribunal de apelación:
alicui honesta petendi satisfacio

Tribunal de Casación de Buenos Aires:
in legibus salus

tribunal del cual:
a quo

tribunal superior:
ad quem

tropiezo:
lapsus linguæ

turba:
non turba sed factum in turba puniendum est

tutor:
ad litem

U

Ulpiano *Domitius Ulpianus*:
æquum est, ut cuius participavit ...
conventio perficit emptionen
damnum pati videtur, qui commodum
amittit ...
est pactio duorum pluriumve in ídem ...
ex qua persona qui lucrum capit, eius ...

última instancia:
Roma locuta, causa finita est

una cosa es mentir, y otra es decir mentiras:
aliud est mentiri, aliud dicere mendacium

una vez que se ha elegido un procedimiento, no puede adoptarse otro:
electa una via, non datur recursus ad alteram

un hecho no puede considerarse no hecho:
factum infectum fieri nequit

unilateral:
ad nútum

universalidad de derecho:
hereditas nihil aliud quam successio in ...

Universidad:
alma máter

V

vacantes:
numerus clausus

validez de la interpretación hermenéutica de la ley:
incivile est, nisi tota lege perspecta, una ...

validez de los actos jurídicos:
ad solemnitatem
ex opere operato

valoración de las conductas asumidas por las partes, ya sea en el litigio o en el cumplimiento de un contrato:
ex malitia nemo commodum habere debet

valores:
fluctuat nec mergitur

vencedor:
iudicium vinco

vencer:
in hoc signo vinces
labor omnia vincit improbus

venir al mundo:
in lucem suscipi

venta de un inmueble:
ad corpus
ad mensuram
conventio perficit emptionen

ventaja:
commodum eius esse debet, cuius periculum est
ex malitia nemo commodum habere debet

veracidad:
ex animo

verdad:
acta simulata veritatis substantiam ...
aphorismus
córam loqui
exceptio veritatis
fictio cessat ubi veritas locum habet
fictus testis
incorruptus testis
in lucem suscipi
in vino veritas

vergüenza pública:
existimatio

verosimilitud del derecho:
fumus boni iuris
in obscuris inspici solet quod verosimilius ...

ver personalmente:
córam videre

vía:
iter

vida:
ad multos annos
animus necandi
beate et honeste vivere
beatus ille qui procul negotiis
currículum vitæ
infans conceptus pro nato habetur quo-
tiens ...

viento destructor:
ab irato

vínculo:
affinitas est civile vinculum ex ...

vino:
in vino veritas

violencia de los elementos de la natu-
raleza:
ab irato

Virgilio *Publio Vergilius Marón:*
ab uno disce omnes
audaces fortuna iuvat
famat volat
felix qui potuit rerum cognoscere causas
labor omnia vincit improbus
sic itur ad astra
sunt lacrimæ rerum
timeo danaos et dona ferentes
varium et mutabile

virtud:
in medio stat virtus

vistas y luces:
non ædificandi

vitalicio:
ad perpétuam

vivir:
carpe diem
conscientia bene actæ vitæ
consuetudo vitæ

vivir a su manera:
de vesperi suo vivere

vivir honestamente, no dañar a otro y
dar a cual lo suyo:
honeste vivere, alterum non lædere, suum ...

voluntad:
ad gustum
ad líbitum
animus
motu proprio

voluntad de los contratantes:
in conventionibus contrahentium volunta-
tem ...

volver a empezar:
de novo

Y

y el resto:
et cætera

y lo demás:
et cætera

y los siguientes:
et sequentes

yo:
ego

y otros:
et alii

y toda esa clase de gente:
et hoc genus omne

Z

zonas grises
mixti fori

ÍNDICE DE LEGISLACIÓN

artículo 506:
actio damni infecti
dolus non præsumitur

artículo 508:
casus
casus fortuitus a mora excusat
fortuitus casus est, qui nullo humano ...
mora est iniusta dilatio in adimplenda
obligatione
nulla intelligitur mora ibi fieri, ubi ...

artículo 512:
lata culpa est nimia negligentia, id est...
lata culpa plane dolo comparabitur

artículo 513:
casus
casus fortuitus a mora excusat
fortuitus casus est, qui nullo humano ...

artículo 514:
casus
casus fortuitus a mora excusat
fortuitus casus est, qui nullo humano ...

artículo 519
damnum emergens

artículo 530
condiciones, quæ contra bonos mores ...

artículo 546:
condicio existens ad initium negotii ...

artículo 578
debitor speciei liberatur interitu rei

artículo 607:
genus nunquam perit

artículo 629:
nemo potest coegi ad factum

artículo 701:
duobus simul obligatis si non fuerit ...

artículo 740:
aliud pro alio invito creditore ...

artículo 818:
compensatio est debiti et crediti inter ...

artículo 850:
transactio est instar rei iudicatæ

artículo 862:
confusio est cum debitor et creditor ...
obligatio extinguitur per confusionem vel
solutionem...

artículo 875:
ad iura renuntiata non datur ...

artículo 924:
error actum irritum reddit

artículo 950:
locus regit actum

artículo 961
fraus omnia corrumpit

artículo 973:
ad solemnitatem

artículo 993:
acta publica probantia per ipsas

artículo 955:
acta simulata veritatis ...

artículo 1044:
actus omissa forma legis ...

artículo 1068:
damnum infectum est damnum nondum ...

artículo 1069:
damnum pati videtur, qui commodum ...

artículo 1071:
iuris exsecutio non habet iniuriam
neminem lædit qui suo iure utitur
non facit fraudem qui facit quod debet

artículo 1077:
actio damni infecti

artículo 1078:
damnum sarcire

artículo 1109:
actio damni infecti
damnum infectum est damnum nondum ...
damnum pati videtur, qui commodum ...

artículo 3947:
actioni semel exstincta non ...

artículo 3953:
actioni non natæ non præscribitur

artículo 3980:
contra non valentem agere non currit ...

artículo 4010:
a non domino

Código de Comercio

artículo 218, inc. 3°:
clausulæ repugnantia semper capienda est ...

Código Penal

artículo 40:
ut quoeque res est turpissima, sic maxime ...

artículo 41:
delictum iteratum gravius est
ut quoeque res est turpissima, sic maxime ...

artículo 59:
defuncto eo qui reus fuit criminis, et ...

artículo 109:
calumniari est falsa crimina intendere
exceptio veritatis

artículo 167, inc. 3°:
effracta

artículo 266:
metu publicæ potestatis

artículo 275:
fictus testis

artículo 277:
fautor delicti

Código Procesal Civil y Comercial de la Nación

artículo 5°:
actor sequitur forum rei

artículo 35:
advocati non ultra quam litium poscit ...

artículo 94:
exceptio mali processus

artículo 377:
afirmanti incumbit probatio
ei incumbit probatio qui dicit, non qui negat

artículo 411:
confessio soli confitenti nocet

artículo 417:
ficta confessio

artículo 423:
confessio est regina probationum
confessio soli confitenti nocet
confessus pro iudicato habetur, qui ...

artículo 424
confessio dividi non debet

artículo 781:
arbiter nihil extra compromissum facere potest

Código Procesal Penal de la Nación

artículo 1°:
argumentum ad innocentiam
in dubio pro reo
innocentia
status innocentis

artículo 2°:
in poenalibus causis benignius interpretandum est

artículo 334:
indicta c̄usa

artículo 433:
favor rei

Constitución de la provincia de Buenos Aires

artículo 20, inc. 1°:
hábeas corpus

artículo 20, inc. 3°:
hábeas data

artículo 168:
citra petitio

artículo 176:
ad vitam aut culpam

Código Procesal Penal de la provincia de Buenos Aires

artículo 1°:
argumentum ad innocentiam
in dubio pro reo
innocentia

non bis in ídem
status innocentis

artículo 212:
corpus delicti

artículo 405:
hábeas corpus

artículo 435:
favor rei
reformatio in peius

Se terminó de imprimir el día 11 de febrero
de 1998, en ARTES GRÁFICAS CANDIL
sito en la calle Nicaragua 4462, Buenos Aires,
República Argentina